楽興の瞬間《とき》……目次

第1章 アンサンブルピアニストになるまで

第2章 アンサンブルのよろこび

インテルメッツォ　コンサート・ツアーの余白　74

第3章
ミュージック・イン・スタイル

第4章 若い音楽家を育てる

CCADEMIA MUSICALE
IGIANA
9-21 agosto
CONCERTI FINALI
DI CLASSE
Allievi Chigiani
VIOLA
20
MUSICA
D'INSIEME
Riccardo Brengola
18
PIANOFORTE
21
CLARINETTO
19
DIREZIONE
D'ORCHESTRA
VIOLINO
ACCADEMIA MUSICALE
CHIGIANA
MPS
17 agosto, lunedì
Cripta di San Domenico, ore 21.15
UTO UGHI violino
Shuku Iwasaki pianoforte
Beethoven
Sonata n. 5 in fa magg. op. 24 ("La primavera")
J.S. Bach
Brahms
Sonata n. 3 in re min. op. 108
Debussy
Sonata in sol min.
SIENA 1992
ACCADEMIA MUSICALE
CHIGIANA
19
Porto Santo Stefano (Monte Argentario)
"Zattera 1992"
CONSTANTIN ZANIDACHE
SHUKU IWASAKI
Bach
Beethoven
Schumann

楽興の瞬間《とき》

プレリュード

いくつもの出会い、そしていくつもの別れ。

人はそのようにして、現在《いま》を生きていくものなのでしょうか。


二〇一三年のこと、パブル・カザルスの夫人マルタさんをアメリカ・ワシントンに訪ねました。マルタさんのお宅は、亡きカザルスゆかりの物で埋め尽くされていました。楽器や家具から蔵書まで、かつてのプエルトリコのご自宅からそっくりそのままの姿で移されており、いまにもマエストロが部屋に入ってきそうな、そんな息づかいが遺されていました。

私は五〇年前のカザルスとの出会いを走馬燈のごとく思い浮かべたものです。


一九六四年、カザルス音楽祭に参加した洸と私は、カザルスに師事を仰ぐことができ、翌年の春、カザルス家で一ヶ月間、毎日のようにレッスンを受けることになったのです。

洸と三人の外国人が、かわるがわるベートーヴェンやブラームスのチェロソナタを弾きます。私は、ピアノ・パートをまかされました。

レッスンがはじまります。

すぐさま、マエストロは音楽のなかに没入します。声を張り上げて、フレージングやデュナーミクや、それこそ細部のアーティキュレーションにいたるまできめ細かく注意していきます。ときには立ちあがって足を踏みならして、私たちの演奏に付き添うように、朗々と歌っていきます。もちろんピアノ・パートへの助言も忘れません。

模範演奏では私が伴奏する栄誉を与えられ、無我夢中で弾いたものです。カザルスの演奏は、もぎたての果物のような新鮮さに溢れ、それこそ一つ一つのフレーズや音色に引き込まれてしまいました。

このレッスンは、私にとって生涯忘れ得ぬ至福の時でした…。


あれから五〇年、私は、いつしか教える側にありますが、いまでも学びの心は忘れてはいません。さまざまな音楽家との出会いと協働は、現在の私をつくりあげ、そして音楽することの力となっています。

昔のままの居間

2013 年マルタさんを訪ねて

1964 年　プエルトリコのカザルス宅にて

（左からマルタさん、私、洸）

第1章

アンサンブルピアニストになるまで

カザルスのレッスン

さあ、アメリカへ出発

船でアメリカへ

一九六二年の夏、横浜港を出る新日本汽船の貨客船に乗りこんで、アメリカに向けて出港しました。その時の乗客は、私を入れてたったの六人。

一二日間海の上を揺られて、カナダ西海岸のバンクーバーに二日間停泊、船を下りることができました。タイミングがよかったのか、たまたまジュリアード弦楽四重奏団のコンサートを聴くことができました。演奏を聴きながら、ついに海外に来たんだという実感と喜びがあふれてきました。

その後船はバンクーバーからシアトル。そこから、飛行機でニューヨークに移動しました。

ジェイコブ・ラタイナ先生

ハートフォード大学での日々

アメリカに渡って最初の二年間はニューイングランドのコネチカット州にあるハートフォード大学に通います。最初の住まいは留学のスポンサーになってくださったクラークさんのお宅でハートフォードの南、ニューヘイブン。その中でも裕福なところで、どの家も三階建てで大きく、そんなお宅の広い一室を与えられて、これがアメリカかと驚いたものです。

クラークさんのお宅が大学まで少し離れていたこともあり、大学近くのウォルフさんのお宅にホームステイすることになりました。こちらはゴルフ場のような庭園のあるお宅です。おかげで最初の二年間、衣食住すべての費用の心配をせずに集中して勉強できたのです。

ピアノは毎日七時間弾いていました。毎朝一番に学校にピアノの鍵を借りに行って、夜は最後に返しに行くという生活でした。

ハートフォードではジェイコブ・ラタイナ先生にピアノを師

事しました。

また、室内楽のレッスンにはバーナード・グリーンハウスという素晴らしい先生がニューヨークからハートフォードに来ていました。ボザール・トリオのチェリストをつとめていた方です。

ハートフォード大学は音楽専門の大学ではなかったので、週末には一般の学生たちからダンスパーティーなどに誘われたりもしました。アメリカの大学生活を満喫できたのでとても有意義でした。この当時、日本人の音楽学生にとって、ニューヨークに行ったりヨーロッパに行ったりということが難しかったので、今思えばとても恵まれていたのだと言えます。

バーナード・グリーンハウス先生

There's a Concert Tour in the Making For a Young Student

By PATRICIA MACKO

Woman's Editor

TALENTED PIANIST Shuku Iwasaki leaves on a concert tour in another week and a half. The young lady, a senior student at Hartt College of Music of the University of Hartford, will accompany concert violinist Julian Olevsky on his Fall tour.

MRS. MACKO

Shaku leaves from New York on Nov. 10 for a ten-day tour which will include appearances in California, Washington, Wyoming, and Ohio.

THE YOUNG LADY from Japan is the daughter of Senzo and Miyoko Iwasaki of Tokyo, and is presently residing with Mr. and Mrs. Herman Wolf at 1200 Prospect Ave. At Hartt, she is majoring in piano and is a student of concert artist Jacob Lateiner.

In 1953 she won the All-Japan student music competition, and has received two awards in the Mainichi music competitions and several honors from the Toho-Gakuen School. She is a 1960 graduate of the Toho-Gakuen School of Music in Tokyo—the equivalent of our junior college.

AND THEN LAST Summer, while studying at the Kneisel Hall Chamber Music School in Blue Hill, Me., she met concert violinist Olevsky . . . so impressed was he with her performance as a pianist, that this upcoming tour date was arranged.

Earlier this month Shuku played for members of the new performance class for young artists at the Julius Hartt School of Music, non-collegiate division of the University. The performance class is under the direction of concert pianist Raymond Hanson, chairman of the Hartt College piano department.

Through his work with young students in the Julius Hartt School of Music, Mr. Hanson realized the necessity of a performance class for those—although quite young—had already displayed great proficiency in their chosen instruments and who were seriously interested in music.

This is the first time such a class has been offered locally for pre-teen and teenage musicians, and from the initial response—over 30 young people from throughout Connecticut appeared at the first Saturday afternoon session — its appeal for and to young musicians has already been assured.

Membership is not limited to Julius Hartt students, but is open to young musicians who have shown ability, and who wish performance opportunities.

EACH WEEK THE group hears from members of the class as well as from Hartt College and Hartt School faculty and students.

Some of the young people who have appeared include Susan Bills, 17, a Wethersfield High student who studies piano with Mr. Hanson. She's the daughter of Mr. and Mrs. Robert Bills of Wethersfield. Rose Foxman, daughter of Mr. and Mrs. Abram Foxman of this city, a 16-year-old Weaver High student, studiese violin with Rose Klemen. She also studies voice with Mrs. Virginia Schorr.

Another is Susan Gottschalk, 15, who attends Hall High. She is the daughter of Dr. and Mrs. Nathan Gottschalk of West Hartford. Susan studies violin with her father, who is dean of faculty at Hartt College of Music, and acting chairman of the string department. Deborah Kahn of Bloomfield, is a 12-year-old Bloomfield Junior High School student. The daughter of Mr. and Mrs. Sidney Kahn, she studies piano with Mr. Hanson.

Another piano student of Mr. Hanson's is Howard Harris, son of Dr. and Mrs. Louis Harris of West Hartford. Howard, 16, attends Hall High. Fifteen-year-old Deborah Kearns is also a piano student of Mr. Hanson's. She is the daughter of Mr. and Mrs. Charles Kearns of Wethersfield. Mr. Kearns is a member of the executive board of th Hartt Opera Theater Guild.

—(Hartford Times Photogrph by Ellery G. Kington

While Shuku Iwasaki of Tokyo, Japan, and Prospect Ave., runs through a practice session, two fellow piano students, Susan Bills of Wethersfield, left, and Deborah Kahn of Bloomfield, watch.

着物姿でピアノ演奏

ハートフォードではよっぽど日本人の音楽学生が珍しかったのか、地元の新聞で取りあげられたこともあったわ。この写真は取材の時に、日本人だから着物を着てほしいと言われたんじゃないかしら。それまで着物姿でピアノを弾いたことなんてなかったのに…

バルサム先生を囲んで（左端＝ペライア、右端＝私）

カナイザルホール音楽祭

渡米した翌年（一九六三年）の夏、カナイザルホール室内楽音楽祭の講習会に参加、アルトゥール・バルサム教授の室内楽のクラスに入りました。

同じクラスにはマレイ・ペライアがいました。一緒に弾いたり聴いたりするなかで、一人だけ若くてとびぬけて上手かったので、とても印象に残っています。ペライアだけでなく、あのクラスの人々はみんな世界的な音楽家になっています。

そのとき一緒に参加したヴァイオリンの西崎崇子さんとは、後年ブルガリアに演奏旅行に行ったり、録音セッションをしてLPを作ったりすることになります。

バルサム教授のレッスンはカナイザルホール音楽祭での一ヶ月半のみでしたが、そのときに自分の失敗談を話してくださったのが印象に残っています。

「最後に洋服の端を踏んで転んでしまわないように…」

ピアノ・トリオの指導を受けた

カナイザルでのレッスン風景

音楽祭に参加した全員で

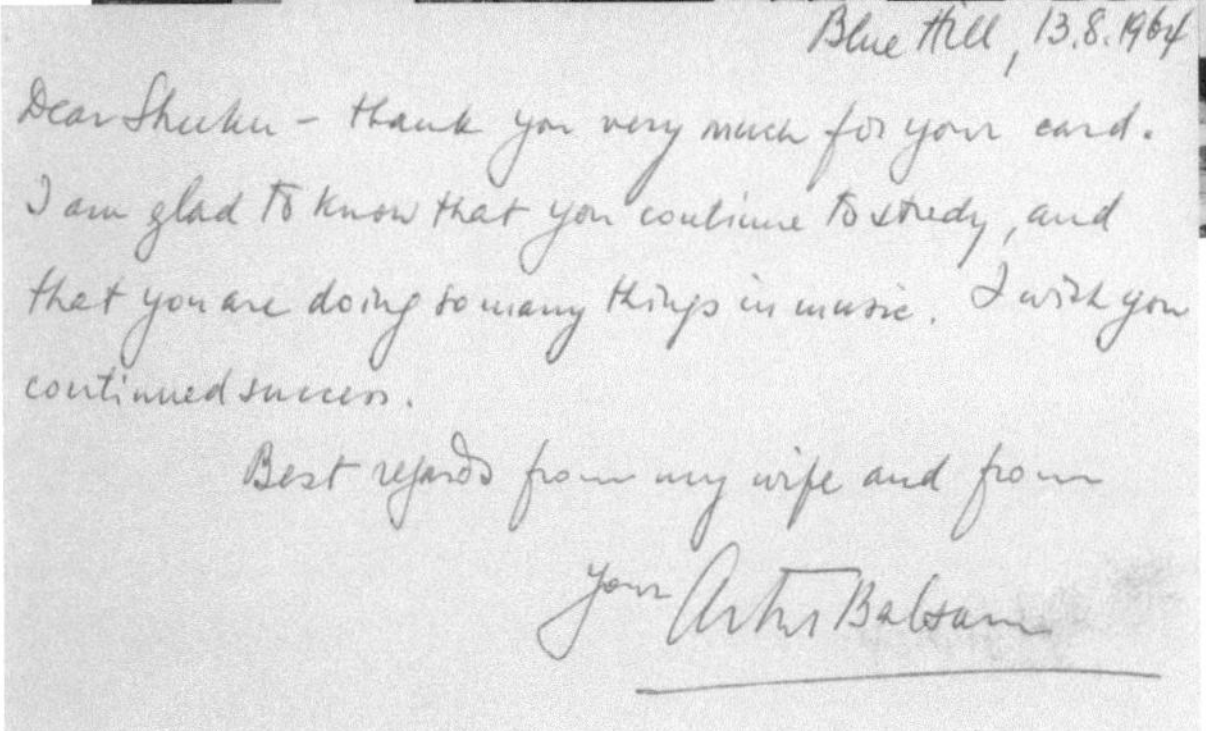

Blue Hill, 13.8.1964

Dear Shuku – thank you very much for your card.
I am glad to know that you continue to study, and
that you are doing so many things in music. I wish you
continued success.

Best regards from my wife and from

Your Artur Balsam

バルサム先生からのメッセージ

井口先生（右）、ピアノ科主任のハンセン先生とともに

井口基成先生

　カナイザル室内楽音楽祭の後、一九六三年の秋のことだったと思います。日本での恩師である井口基成先生が、アメリカの大学をいろいろ訪問なさっていたなかで、わざわざ私を訪ねにハートフォードに寄ってくださった。

　心配してくださったんでしょう。学校の様子を見学されて、「いい勉強をしているんだね」と励ましてくださいました。

ジュリアード音楽院へ

ハートフォードでの二年間はあっという間に終わってしまいます。両親との約束では、留学は二年までということだったのですが、まだ学び足りないという気持ちが強かったので、両親を説得して、ラタイナ先生に進路の相談をしました。すると先生は「ぼくが教えているマネスカレッジにも入れるから、ジュリアードと両方とも受けなさい」と言ってくれました。

そこでマネスとジュリアードの両方を受験することになり、両方とも五〇〇ドルの奨学金を得て合格しました。

ラタイナ先生のいるマネスカレッジに行けば、ハートフォードでの二年間に引き続き同じ先生に習うことができたのですが、ラタイナ先生は「あなたはマネスカレッジに来たら小さな学校だから、そこでまた一番いい成績のピアニストの仲間入りができるでしょう。でも、それよりは、うまい人がたくさんいるジュリアードに行ったほうがいいよ」とおっしゃってくれました。

自分の弟子には自分の学校に来なさいという先生が多い中で、「小さな池の中で一匹だけ大きな顔をしているのではなく、大きな池の中の一匹になって泳ぐほうがあなたのためになるよ」と、本当に私の将来のことを考えてくださっていた。

お世話になったラタイナ先生に背中を押してもらって、ジュリアードに行くことにしたの。

ジュリアードでいちばん影響を受けたのは、フロインドリッヒ先生。先生のおかげで今の私があるといってもいいくらいです。私がアンサンブル・ピアニストを目指すきっかけになった先生ですから。フロインドリッヒ先生は、自分の弟子で当時ウィーンに留学していた伴奏ピアニスト（サミュエル・サンダース）を例に挙げ、「あなたはソリストではなく室内楽の奏者を目指したほうがいいですよ。サミュエル・サンダースのようなアンサンブル・ピアニストになるといい。体力はないけれど、チェリストの弟さんがいるんだし」と提案してくれたんです（サンダース氏は心臓病を患っていたが、パールマンの伴奏者として何度か来日している。私もその頃、肺の病気を抱えて手術をしたりしていた）。

ピアニストを目指すといえば、ソリストになるのが当然という世界で、他の先生たちはみな、自分の生徒をソリストにさせるべく指導していた。その中で、フロインドリッヒ先生はそうではない道を示してくれた。これがジュリアードに来て一番良かったことです。

厳しい現実

いっぽう、ジュリアードでの厳しさというのもたくさん目の当たりにしました。

レッスンに行くごとに、クラスメイトたちは「私は来週タウンホールでデビューするわ」、「ぼくは

フロインドリッヒ先生夫妻からいただいたクリスマスカード

サンフランシスコでブラームスのコンチェルトを弾くんだ」、「来年はショパン・コンクールに参加するんだ」などと言っては演奏会のプログラムやコンクールの課題曲をばりばり弾いてくる。私なら目を回してしまうようなレパートリーを次々と仕上げていくようなクラスメイトもたくさんいました。そんな中に身を置いて、私はとてもじゃないけどソリストとしてはやっていけないないなあと思ってしまったのです。

それでもそのときはまだソリストになる夢を捨てきれなくて、あくまでピアノの曲には全部挑戦してみたいという気持ちがあったので、学内の協奏曲のコンクールを受けることにしました。大好きなショパンの協奏曲第二番を弾くことにして、のちにチャイコフスキー・コンクールで入賞することになるミッシャ・ディヒターがオーケストラのパートを弾いてくれました。

でも、私は大切なときに緊張してつっかかるクセがあるので、この時もコンクールの本番で指がもつれて、どこを弾いているのかがわからなくなって止まってしまったのです。

そういえば、そのときのオーディションには中村紘子さんも出ていました。彼女は私が行く以前からジュリアード音楽院に在籍していたと思います。でも、中村さんは私が受けたのを知らなかったんじゃないかしら。

私は何でも経験してみて後で考えるタイプだったから、挑戦せずに諦めるのはどうしても嫌だったの。だから、とにかく挑戦してみようと、そのために小さなスピネット・ピアノを部屋に借りて、学校だけじゃなくて自室でも練習して……それでも克服できなかった。

こうしてジュリアードのコンクールで失敗したことも、ソリストとしてのギブアップに繋がったのね。やっぱり駄目だなとこのとき思っちゃったんだわ。

それでも、フロインドリッヒ先生のサジェスチョンがあったから、こうして今もアンサンブル・ピアニストとして活動できている。

ラタイナ先生がジュリアードに行きなさいと背中を押してくれたこと、フロインドリッヒ先生がアンサンブル・ピアニストの道を示してくれたこと、この二つがなければ、今の私はなかったと思うわ。


その後、キジアーナ音楽院のクラスに行ったりして、アンサンブル・ピアニストになるための専門的な教育を受けるようになっていきました。

ジュリアードの同僚たち

エドワード・アウアー、ミッシャ・ディヒターといった良いクラスメイトにも恵まれました。この二人はルームメイトで、一台のピアノを使っていて、一九六六年に二人でいっしょにチャイコフスキー・コンクールに参加することになったときは、クラスメイトみんなで協力しました。コンクールの課題曲の演奏を聴いてアドバイスを出したりして、二人を送り出してあげたのを覚えています。

アウアーはその二年前（一九六四年）のショパン・コンクールで五位に入賞していたので、みんな彼のほうが上手いと思っていたけれど、その時は結局ディヒターのほうが上位（三位、アウアーは五位）になったのよ。コンクールは何が起こるかわからないわね。

とにかく、いい先輩後輩のいる音楽学校に行くべきだと思っています。キジアーナ音楽院のことを教えてくれたのもアウアーでした。「良い講座だから行くといいよ」と。

ピアノ科以外でも、ジュリアードにはその後世界で活躍する音楽家の卵がたくさんいました。たとえば当時はあのイツァーク・パールマンも同じ学舎で学んでいたのですから。七〇年代の来日公演で共演させてもらえたのも、そんなご縁があったからなのかもしれません。

カザルスとの出会い

私達きょうだいとカザルスとのかかわりは、プエルトリコで毎年開催されているカザルス音楽祭に参加したことから始まります。

パブロ・カザルス

マスタークラスでカザルスの個別レッスンを受ける弟の洸（マルボーロ音楽祭）

当時の生徒は４人。洸（右上）、ハンガリー人のミクローシュ・ペレーニ（左下）、ハンガリーとスペインのチェリスト（右下の二名）

当時、「カザルス音楽祭を聞く」という学生派遣事業があり、全米から私と弟の洸がともに選抜され、奨学生としてプエルトリコに行くことになりました。一九六四年のことです。

弟はこのときの滞在先でピンカス・ズッカーマンとルームメイトになり、大きな刺激を受けたようです。

カザルス音楽祭では、練習風景から本番まで、全部見せてもらえました。毎日カザルスがチェロを弾いたり指揮をしたりする演奏会の練習や本番を聴くことができました。

マスタークラスも開かれ、最後に小さいホールで、奨学生として演奏会も開かせてもらいました。このときは私と弟でリサイタルさせてもらったと思います。

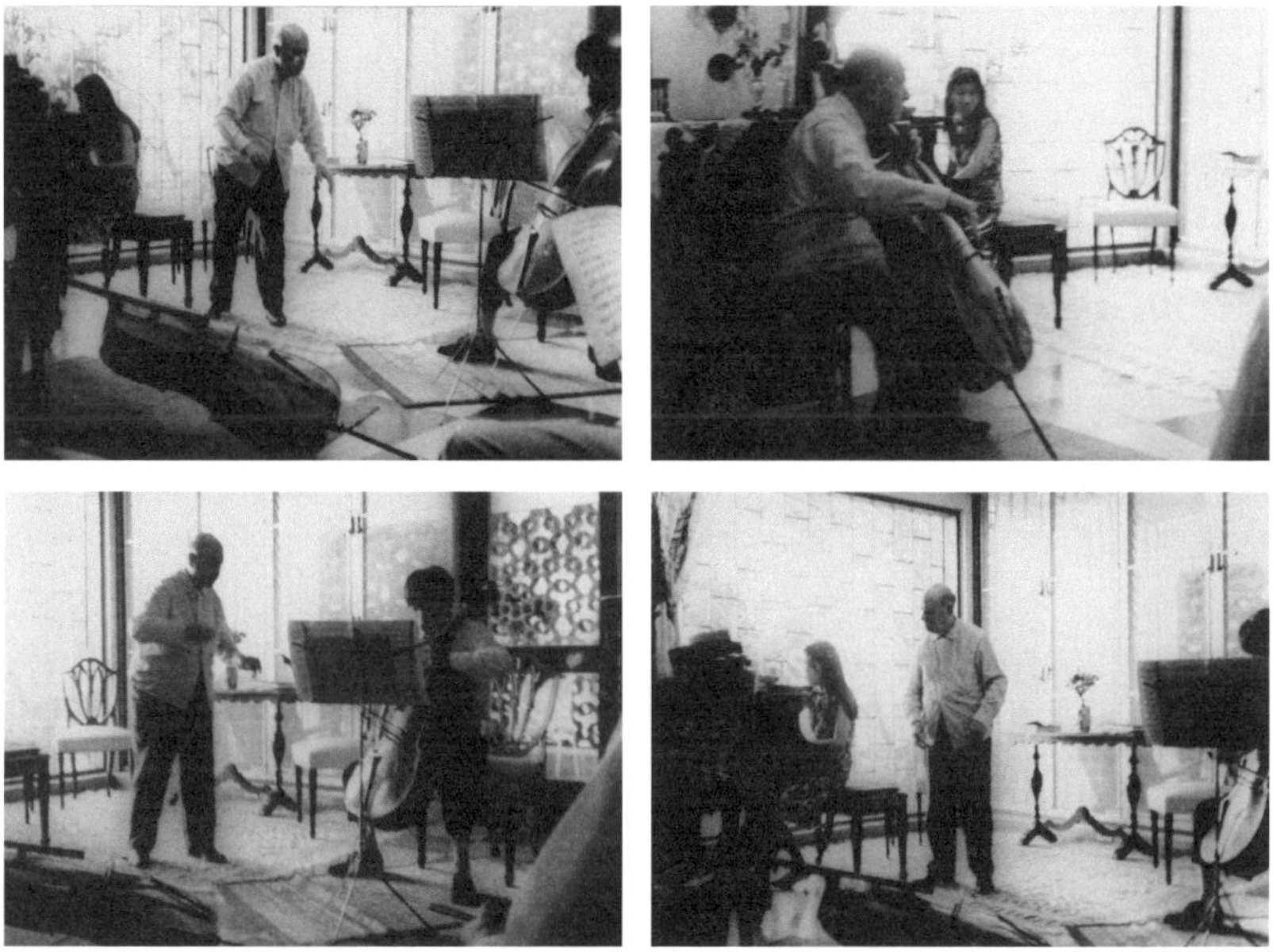

カザルスは、ときに自ら楽器をとり、ときに大きな身振り手振りを交えながら
私たち姉弟を指導してくれました。

カザルスのレッスン

カザルス音楽祭やその後のマルボーロ音楽祭に参加して、レッスンを受けたことがきっかけで、弟の洸が一ヶ月プエルトリコに滞在し、毎日夜五時から七時まで二時間のレッスンを受けることになりました。

レッスンの許可が出たときに、伴奏ソナタをたくさん弾けるチャンスだと思って、一緒に行くことにしました。そのおかげで四人の生徒全員のレッスンで、ソナタやコンチェルトの伴奏ができたのです。

カザルスはピアノにも厳しくて、しっかりとレッスンしてくれました。そばに来て教えてくれただけでなく、ときにピアノに座って弾いてみせてくれました。

レッスンの合間にカザルスが模範演奏を

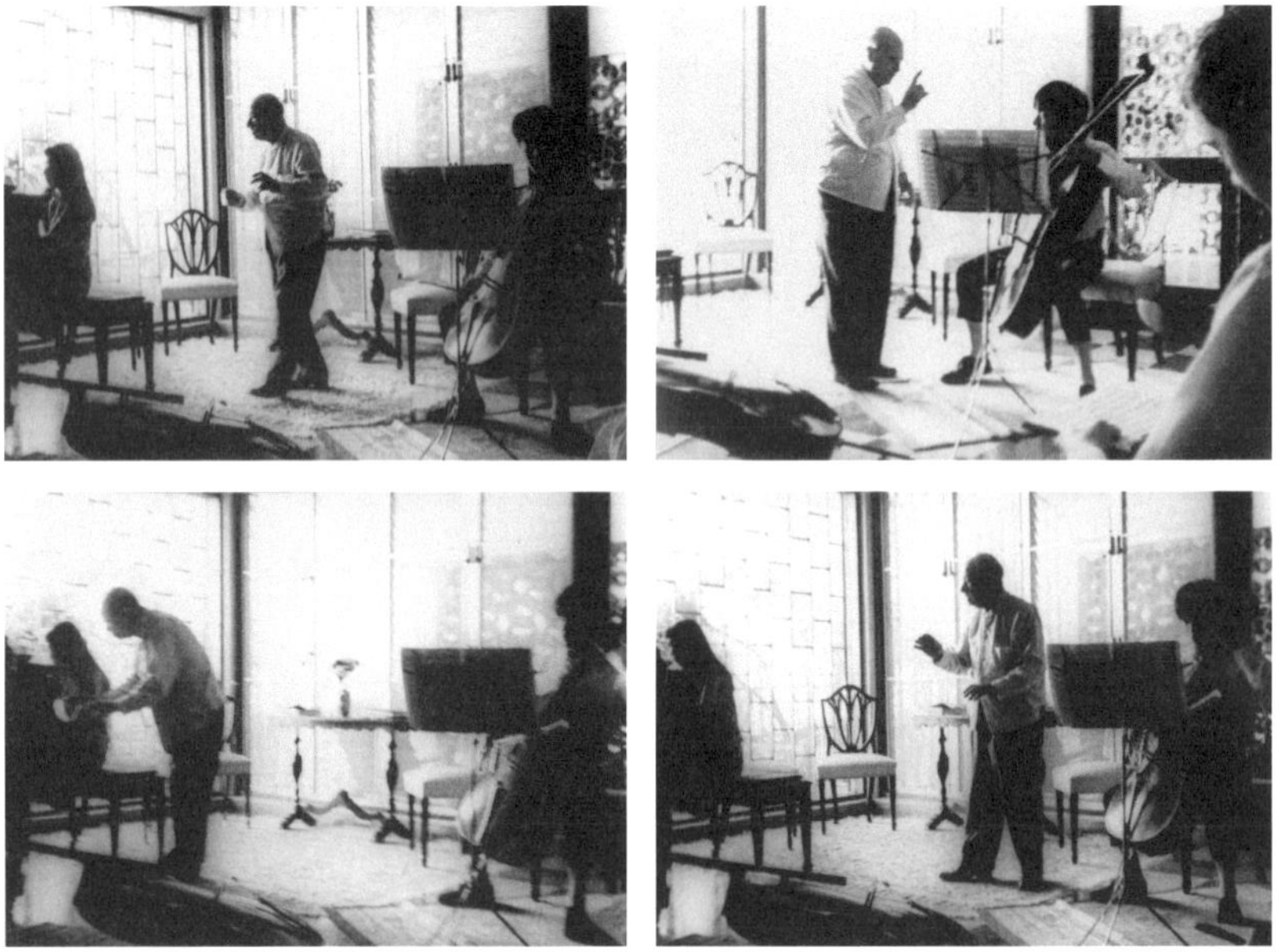

するときにも、私が伴奏をさせてもらいました。ベートーヴェンのソナタだったと思いますが、カザルスが弾くのはもちろんとても上手なので、それにつられて自分も上手く弾ける、そういう経験が何度もありました。先生に引っ張ってもらうことで、私の演奏もよりよくなるんです。この伴奏経験はとても貴重なものでした。

カザルスの指導でもっとも素晴らしいと思ったのは、自分の弾き方を絶対に押しつけないところなのね。

「自分は昔からこう弾いているので、この指使いが良いと思っている。この弾き方を参考にしてもいいけれど、同じように弾く必要はないんだよ」

「ぼく自身の書き込みがしてある楽

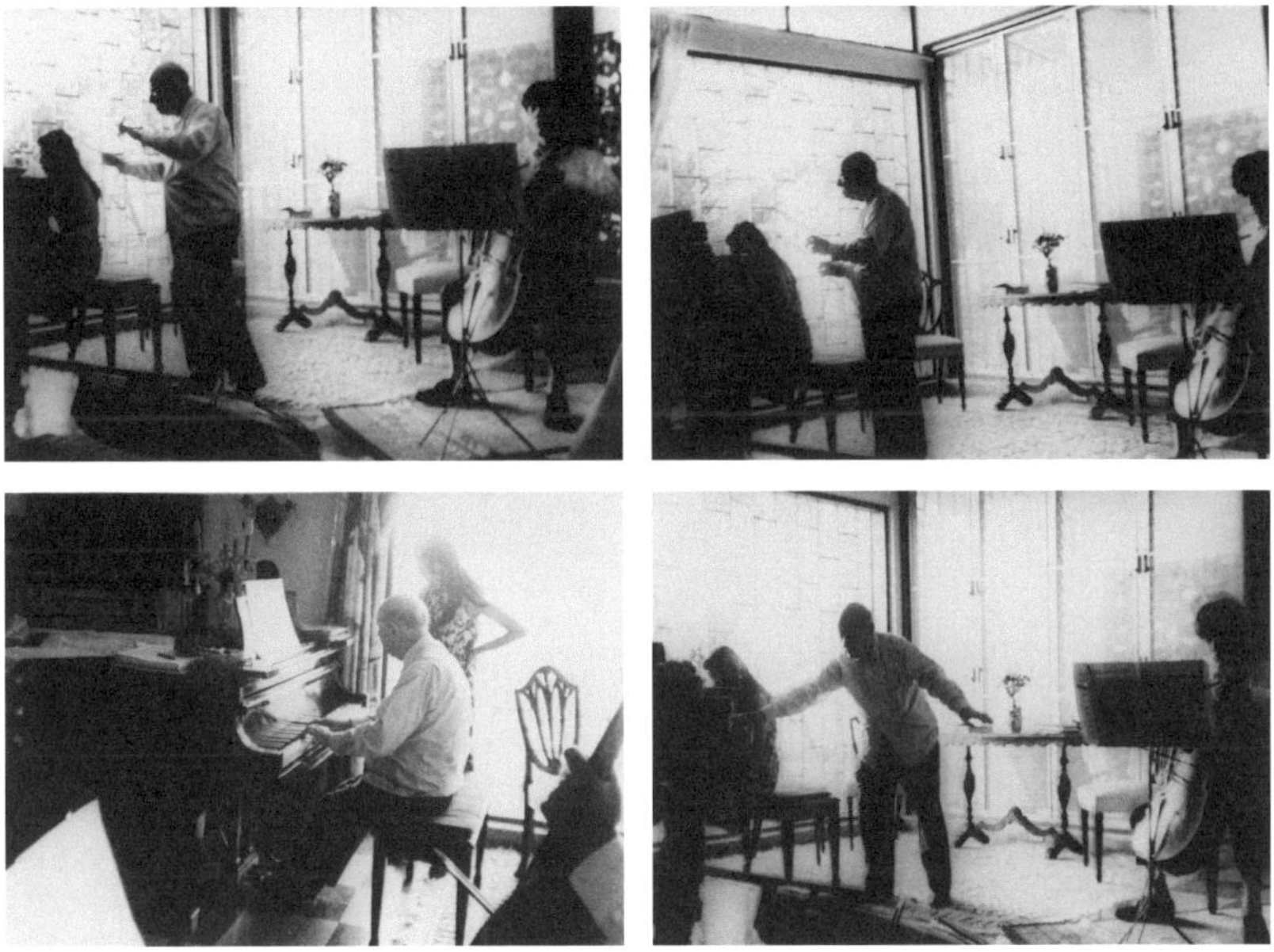

譜も貸してあげよう。これを使ってもいいけれど、自分に合わないいと思ったら無理に合わせる必要はないからね」
…そんな具合でした。押しつけないというやり方をカザルスに教わったわ。
自分がいちばんいいと思っていても、こうやりなさいと強制しない。
でも、そのやり方でやってみると自然といい音が出るので、結局はみんなそれに倣うようになるのね。

カザルス音楽祭へはその後も毎年、合計四回行きました。演奏しに来た音楽家を挙げればメニューイン、バレンボイム、ジャクリーヌ・デュ・プレなど。メニューイン

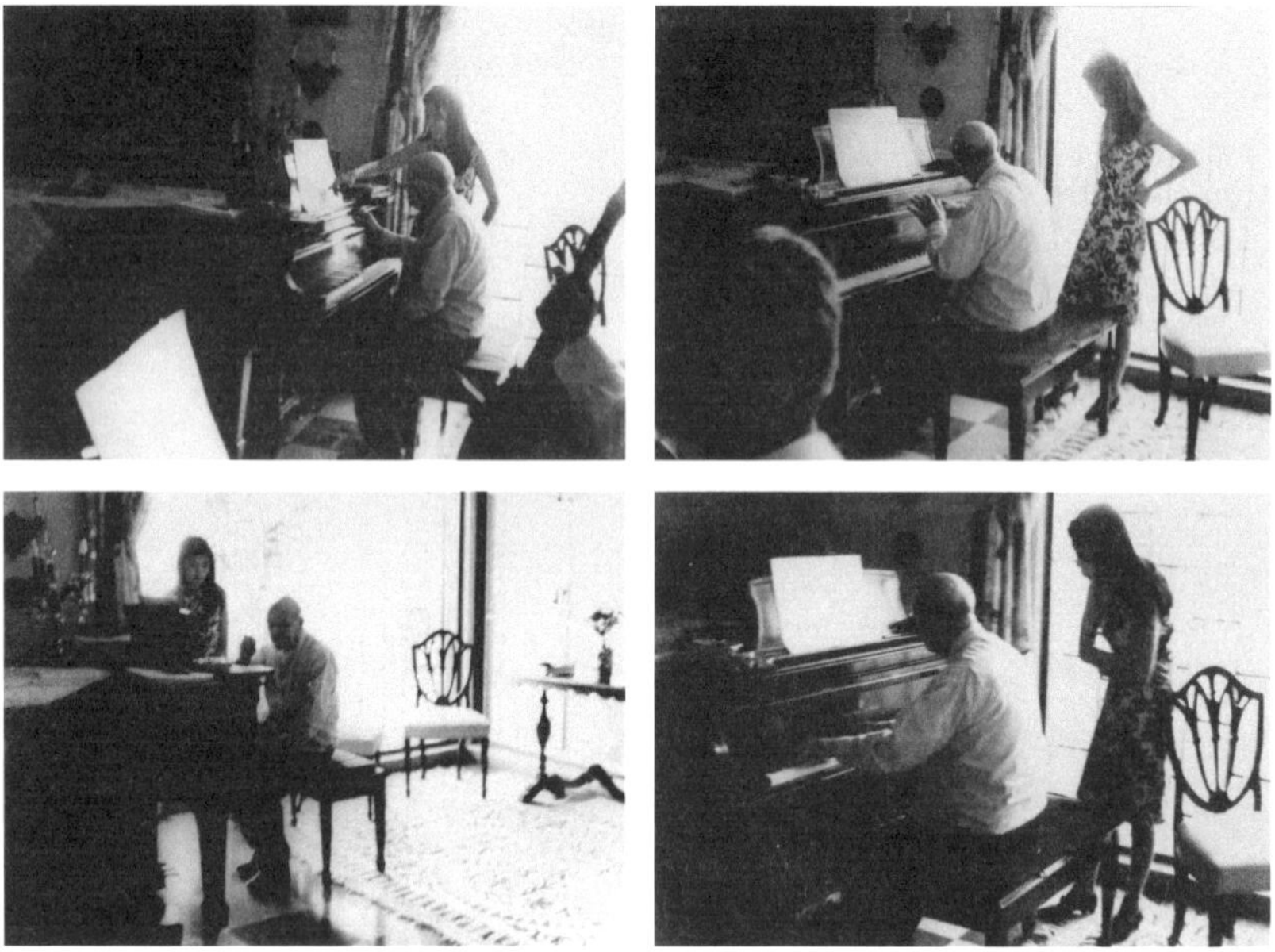

の素晴らしいベートーヴェンの協奏曲や、バレンボイムとデュ・プレがそれぞれ協奏曲を演奏していたのは今でもよく覚えています。もちろんカザルスの素晴らしい演奏も。
　カザルスゆかりの音楽祭と言えば、もうひとつ、マールボロ音楽祭があります。アメリカのヴァーモント州マールボロにて、毎年夏の七週間にわたって開催されるフェスティヴァルで、ここにも世界中の若手演奏家が集います。もちろん、私たちも毎年のように出掛けていきました。
　とにかく、自然に囲まれた環境の中、若手の演奏家たちが教師役の演奏家と協力し、また学びながら音楽を作りあげていくのです。カザルスはこの音楽祭のオーケストラを指揮して、数々の名演奏を遺していますます（いまでもたくさんのディスクで聴くことも出来ます）。

1969年のカザルス音楽祭でヴァイオリンのメニューインらとブラームスのピアノ五重奏を演奏するカザルス。

Pf：ヘスス・マリア・サンロマ
Vn1：メニューイン
Vn2：シュナイダー
Va：ミルトン・トーマス

はじめてのヨーロッパ

一九六六年、フロインドリッヒご夫妻がブダペストのリスト国際音楽院のオブザーバーとして招聘された年に、良い機会と思って私もヨーロッパに行くことにしました。五月にアメリカを出発して九月頃まで、五ヶ月間ヨーロッパを見て回りました。

最初は今で言う格安航空会社にあたるアイスランド航空のプロップジェットに乗って、アイスランド経由でルクセンブルクに降り立ちました。そこで声楽科の友達と合流して一緒にパリを目指しました。

最初の目的地パリまではヒッチハイクで移動したわ。五台くらいを乗

シエナにて

パリにて

り継いで、ルクセンブルクからベルギー、フランスへと国境を越えて行ったの。

親切な運転手のかたもいて、ベルギーとフランス国境の戦争の痕跡も見せてもらったりした。一人では危なくて無理だけれども、二人でならどうにかなったの。運転手が手を出してきそうになったときは、声楽科の友達に大きな声で歌ってもらってその場を切り抜けたり……若かったとはいえ、すごい冒険をしたものだと思うわ。

パリから今度は電車でスペインに向かいました。いとこで作曲家の岩崎洋が当時スペインにいて、いらっしゃいと言ってくれたんです。

その後スペインから最終目的地のブダペストに向かう途中の七月から九月にかけて、イタリアのシエナでキジアーナ音楽院の夏期講習セミナーに立ち寄るようにスケジュールを組んでいました。目的はそのセミナーでミケランジェリのレッスンを受けることでした。

キジアーナ音楽院のホールで弟とリサイタル

キジアーナ音楽院

シエナのキジアーナ音楽院は、一九三二年、グイド・キージ・サラチーニ伯爵が自身の宮殿に設立した音楽学校です。毎年、夏になるとキジアーナ音楽祭が開催されて、多くのマスタークラスが開講され、すばらしい講師の先生方がいらっしゃいます。冬の間は演奏会が開かれます。

宮殿のいたる所に伯爵家が所有する多くの美しい絵画や彫刻がそのまま飾られていて、まるで別世界のようです。ピアノのレッスン室ひとつとっても、貴重な絵画がたくさんかかっていて、ヨーロッパ人であってもなかなか触れることができないような環境です。

このように宝物に囲まれて演奏したり、レッスンを受けることができるのは素晴らしいことだと思います。

もっとも、古い建物なので、施設は決して近代的ではないのですが……私がマスタークラスに通っていた頃は、ほとんどの部屋にエアコンがなくて、講師も生徒も暑い中で汗をかきかきレッスンしていました。

…それから 25 年後、たくさんの絵画に囲まれた瀟洒な部屋で、
ウート・ウーギのマスタークラスの伴奏をつとめる。

現在、世界の第一線で活躍する音楽家たちは、ひと夏やふた夏、何らかのかたちでキジアーナで過ごしているはずです。

キジアーナ音楽院の講師たち。左からヴァイオリンのリッカルド・ブレンゴラー、
ピアノのセルジョ・ロレンツィ、指揮のフランコ・フェラーラ

ミケランジェリのレッスン

シエナでのオーディションを済ませ、ミケランジェリのクラスに入ることができました。ところが、ミケランジェリはなんといっても時間にルーズで、予定よりも二時間も早くレッスン室に来ては、「誰も来ていないから」と帰ってしまったり、予定のレッスン時間になってもあらわれず、生徒たちが二時間も三時間も待つことになってしまったり、と大変でした。

また、いざレッスンが始まっても、気に入った生徒がいると何度も指名したり、同じ曲ばかり弾かせたりするので、受講生みんなが公平にレッスンを受けることができません。

けっきょく、最終日まで一度もレッスンを受けることができなかったイギリス人の生徒もいて、受講生みんなで学長にかけあって受講料を返却してもらうといったこともありました。

学長もミケランジェリには手を焼いていたようで、その時はこうおっしゃっていました。

「ミケランジェリは奥さんの言うことはもちろん、ローマ法王の言うことも聞かないからね、だからしょうがないんだよ」と。

他にもレッスンの時にピアノに香水の瓶を置いていて、生徒がつっかえたり失敗したりすると、香水をいじりはじめてしまうんです。機嫌が悪くなったサインで、先生の姿としては褒められたものではないのですが…。

ミケランジェリとクラスメイト

　とはいっても、ミケランジェリのプライベートな部分に触れることができたのは、とても貴重な経験だったわ。

　なかなか時間を守らなかったり、気難しい方でしたが、休憩時に生徒たちとコーヒーを飲んでいる時などは、芸術家然としていないふだんの顔が垣間見えたりしてね。

　そんなときミケランジェリが「君たちが何歳か当てて見せよう」と、そこにいた生徒みんなの年齢を言って、私は二九歳であることを当てられてしまったんです。カザルスには一五歳くらいに思われていたのに…。

セルジオ・ロレンツィ先生

ミケランジェリは、キジアーナではイタリア語しか話しませんでした。ところがその後ニューヨークで演奏会があり、楽屋にご挨拶に行ったら、ぺらぺらと流暢に英語をしゃべっていたのです。キジアーナでのイタリア語はわざとだったんだと気づいて、あっけにとられてしまいました。

ロレンツィ先生

ミケランジェリのレッスンを受けるために行ったキジアーナ音楽院でしたが、そこで新たに二人の先生に出会うことになります。

ひとりはピアノのセルジオ・ロレンツィ先生。ミケランジェリの隣の部屋でレッスンしていらして、聴講させてもらったのがきっかけです。

ロレンツィ先生には多くのことを教えていただきました。

一番印象的だったのは「どんな小さな音でも、カーネギーホールの一番後ろの席にも聞こえるような美しいピアニッシモを」という言葉です。

また、アンサンブルの極意も教わりました。ロレンツィ先生は、とにかくピアノの楽器の音を他の楽器の音と融合させるテクニックが素晴らしかったのです。

レッスンでは、ヴァイオリンと合わせるときはヴァイオリンの柔らかな音色、チェロと合わせるときはチェロの深い音、というように共演者の楽器に合わせた音色を追究しなさい、ヴァイオリンやチェロなどの弦楽器とピアノとでは、そもそも出てくる音が全然違うけれども、できるかぎり近づけるようにしなさい、と教わりました。例えばピアノ・トリオだったら右手はヴァイオリンの音を、左手はチェロの音をというように、こんなことを教えてくださったのはロレンツィ先生だけです。


レッスンにベートーヴェンの『大公トリオ』を持っていったことがあるんですが、その時は「この曲は五〇歳を過ぎないと本当には弾けるようにならないよ」と釘を刺されたの。テクニック的にも内容的にもあまりに深くて、若いうちに弾けるわけがないっておっしゃるんです。人間的にも円熟してこないと弾けない曲があるなんて、とその時は思ったけれど、実際、若い人がこの曲にチャレンジして、音は出ていて譜面はちゃんと追えていても、内容的には薄っぺらい演奏になってしまうことが多いわね。

私はその時の言いつけを守って、『大公トリオ』をはじめて自分の演奏会で弾いたのは五〇歳を過ぎてからにしたわ。

カザルス音楽祭への参加。楽員たちとともに

（1965年、プエルトリコにて）

ロレンツィ先生はヴェネツィアにお宅があって、ブゾーニの二台ピアノ作品の楽譜をお借りして、日本で初演したこともあります（一九八三年のミュージック・イン・スタイル第八回公演）。

もう一人はヴァイオリンと弦楽器の室内楽を教えていらしたリッカルド・ブレンゴラー先生。ピアノを含む室内楽のレッスンではロレンツィ先生と一緒にレッスンされていました。

滞在中のあれこれ

ジュリアードでの切磋琢磨、毎年カザルス音楽祭やマールボロ音楽祭を聴きに行ったこと、カザルスご自宅でのレッスン……勉強するのが当たり前で、そのために来ているんだからという思いもあるけれど、音楽の勉強以外にもいろいろなことを経験しました。

ハートフォード大学にいる間はホームステイだったのですが、

ジュリアードの頃はニューヨークのアパートを借りて弟と二人で五年住んでいました。毎日、夜一〇時までジュリアードの練習室で練習した帰り道、極寒の外に出てバスを待ってアパートに帰ったのも、今となってはいい思い出です。

とにかく当時は一ドル三六〇円の固定相場だったので、私たちにはアメリカの物価がものすごく高かった。お金がなかったので、日曜品（砂糖など）は日本から送ってもらっていました。

古くて狭いアパートの八階に住んでいたんですが、一番大変だったのはゴキブリとの戦い。小さなゴキブリがたくさん出るので、寝ているときに耳元にゴキブリがごそごそと上がってきたり、料理の時にゴキブリを一緒に炒めちゃったり、散々な目に遭いました。

国際電話

留学してはじめての冬、一九六二年のクリスマスのことです。お世話になっている家主のウォルフさんに、日本に電話していいよと言われて、渡米してはじめて親の声を聞きました。まだ海底ケーブルの時代ですから、「もしもし」「もしもし」「元気？」「元気」「変わりない？」なんて言い合っていると、あっという間に三分が過ぎてしまいました。

姉弟で共同生活をしたアパートの部屋

ニューヨークのアパートの入口

洸とともにジュリアードに通うようになってからのことですが、ドビュッシーのチェロソナタを一生懸命練習していることを両親に知らせたくて、国際電話越しに演奏したこともあります。ちゃんと聞こえたかどうかはわからないけど…。

闘病

ニューヨーク滞在中、喀血がひどくなって一時帰国して、日本で何ヶ月も療養所に通う生活をしていました。一〇代の時に肺を患っていた経験があるものの、原因がわからず、とにかく静養が必要だということで、バターを乗せたごはんで栄養をとっていました。せっかく留学していたのに日本にいるなんて、と悔しい思いで過ごしていました。

そんなときに、一九六七年のミュンヘンでチェロとピアノの二重奏のコンクールが開かれることを知ったんです。三〇歳という年齢制限があったので、私にとってはこれが最後のチャンスでした。

このことを療養所の先生に相談したら、「あなたドイツで喀血を起こしたら、なすすべなく死んでしまいますよ」と言われたのですが、ベートーヴェンやブラームスの生きたドイツでなら死んでも構わないと覚悟を決めて、行くことにしました。

ニューヨークに残っていた洸とは、まずイタリアで落ち合って、その夏のシエナのキジアーナ音楽院で五週間くらいレッスンを受けました。その間もお医者さんの言うことを守って薬を飲んで、ミュンヘンのコンクールに挑みました。

コンクールが終わってニューヨークに戻ったら、こんどはバケツに半分くらいの大喀血をしてしまいます。どこから血が出ているかがわからず、救急車で病院をたらい回しにされました。三件目に運ばれた大きな病院でようやく専門の外科の先生に診てもらうことができたのですが、「手術をしないと治らない」と言われ、緊急入院することになったのです。

検査でレントゲンを撮ってみると、かつての結核治療が原因だということがわかりました。後遺症のようなもので、以前の喀血も含めて、ピアノを弾くとかつての病巣を薬で固めた部分が動脈を傷つけていたというのです。五日後に手術することになりました。

オペ室に入る時に「これで駄目だったら死ぬ」と思った。それでもどうにか手術は成功したわ。手術して六日目くらい、ようやく起き上がれるかという時に、看護師さんが「あなたピアニストなんでしょう?」といって車いすでピアノのところに連れていかれた。

「弾いてごらん」と言われて、ショパンのワルツを弾いたの。自分でも大手術が終わってまだ痛みも残る中で、弾けるかどうかわからなかったけど、不思議と指は動いて、弾き終わったら看護師さんが「よしこれなら大丈夫」って。

ラッキーだったのは、良い病院に入ることができて、良い治療を受けることができたこと。さらにアメリカの社会保障制度のおかげで、行き倒れの貧乏学生だからということで、手術費（当時で二〇〇万くらい？）が免除になった。退院後も音楽家非常事態基金の対象となり、数ヶ月間毎日二〇ドル支給されたんです。

いっぽうで、嫌な思いもしました。手術のあと、寝たきりで酸素の吸入をしていたときのことです。痛くて苦しくて、アフリカ系の看護師に「水が欲しい」と伝えたら、水は持ってきてくれましたが、冷たく「ありがとうくらい言ったらどう？」と囁かれるなんてこともありました。

それでも、どうにか回復して退院することができました。ところが、手術前後の輸血が原因で肝炎を発症していることがわかり、再入院。「毎日きちんと食べないと治らないわよ」と言われ、与えられたものをひたすら食べていた。このときは弱って無気力・無欲になってしまい、喀血手術の時よりも元気がなかったようです。

とにかく肝臓が弱っていたので、与えられたものを食べるのさえも苦しかったです。洸には「死ぬかもしれない」と心配されてしまいました。洸はその頃現代音楽の演奏の仕事をしていて、それが夜中までかかることが多かったのですが、ときどき仕事帰りに「スシ」を買ってきてくれました。

このときに食べることの大切さを学び、以後五〇年食事はきちんと三食欠かさず食べることをモットーにしています。朝も昼も夜もちゃんと食べること。おかげでその後は大病を患うことなく過ごせています。

良い演奏にふれる

病気に振り回されっぱなしだったニューヨークでの五年間でしたが、そんななかでいいことがあったとしたら、良い音楽会をたくさん聞けたことだと思います。ホロヴィッツ、カラヤン、バレンボイム、ジャクリーヌ・デュ・プレ……どの演奏会もすごかった。カーネギーホールを包んでいた、あの緊張感は今でも覚えています。

良い演奏を聴いたということが財産になる。だから、「留学したら良い演奏を聴いておかなきゃだめよ」と自分の生徒たちにはいつも言っているの。留学期間はふつう二年か三年で時間が限られているのだから、良い音楽会があれば、レッスンが明日あったとしてもその練習を脇に置いてホールに通ったほうが、絶対に将来のためになるから。

コンクールの功罪

病気で辛い思いをしてからというもの、洸とともに積極的にコンクールに出るようになりました。病をおして出たミュンヘン国際音楽コンクールを皮切りに、ブダペストのパブロ・カザルス・コンクール（一九六八年）やフィレンツェで開かれた第一回カサド・コンクール（一九六九年）にも出場しました。カサド・コンクールでは、審査委員長のロストロポーヴィチがすべてを牛耳っていて、ソ連出身の自分の弟子が一位にならないとシベリア送りになると言って譲らなかったといいます。音楽に限りませんが、ソ連時代の文化政策的重圧とでも言うのでしょうか。

当時、ソ連から来た演奏家たちはみな、コーチ・先生・伴奏者が政府から派遣されていました。現代のオリンピックのように、国家をあげて音楽家養成をしていたということです。

国際コンクールの常連になっていた私たちが最後に参加したのが、一九七〇年のチャイコフスキー・コンクールです。そこでは、「岩崎また来たかー。一位はだれそれ、二位はだれそれと決まっているから、三位にしかなれないぞ」とまで言われてしまいます。

課題曲の中にショスタコーヴィチの曲があったのですが、一位になると噂されていたダヴィド・ゲリンガスがその曲を弾くときだけ、作曲者であるショスタコーヴィチ本人が演奏を聴きに来て、演奏後には舞台上に上がってゲリンガスと握手までしたのです。これを見て、「ああこれは彼で決まりなんだな」とすぐにわかりました。コンクールは公平ではないと思い知らされました。

先のミュンヘン国際音楽コンクールでも、私たち姉弟は三位入賞を果たしたのですが、二位をドイツ人のデュオが取ったんです。すると客席からはブーイングが出た。客席はみんな、実際の順位とは逆で私たちのほうが上手いということを認めてくれた。

そうしたら今度は、入賞者発表の演奏会に私たちを出演させないようにしたんです。「弾かなくていい」と言われたのは屈辱的でした。

コンクールは国が絡んで行われる政治的なものだから、それを織り込んで受けなければならないということです。それでも、そんなことを考えていたら誰もコンクールなんか受けなくなってしまいます。その壁を乗り越えようとする若者がいてもいいし、挑戦すること自体にとても意味があることですから。

ミュンヘンではいやな思いをしたけれど、そのときに用意した八曲が、私たち姉弟の一生のレパートリーになっているのよ。

勝つか負けるかではなく、演奏家としてのキャリアを作る上での大事な段階がコンクール。コンクールで嫌な思いをしたとしても、コンクールのために勉強したことは決してなくならないわ。

これがコンクールのいいところ。コンクールを受けて悪いことなんてないの。

1970年のチャイコフスキー・コンクールで

こうして私たちの音楽修行は一段落して一九六九年には帰国し、デビューコンサートを果たします。

総決算として最後に受けた一九七〇年のチャイコフスキー・コンクールでは、洸がチェロ部門で三位入賞を果たし、私は伴奏者特別賞を受けることができました。渡米してから八年、いろいろな挑戦を続けてきた段階を終え、次のステップに進むときが来たのだと思います。

第2章
アンサンブルのよろこび

シュタルケルと

シュタルケルとのレコーディング風景

ヤーノシュ・シュタルケル

一九六九年に洸とともに帰国して、姉弟でデュオとして演奏活動を始めました。そんななかで、最初にアンサンブルピアニストとしていただいた大きな仕事が、一九七〇年に来日したヤーノシュ・シュタルケルさんのリサイタルです。

ベートーヴェンやシューベルトのソナタを弾いたシュタルケルさんとの第一回目のリサイタルのあとで、新聞に批評記事が出ました。好意的な批評だったのですが、伴奏ピアニストについては、なんの言及もなく、私の名前すら載りませんでした。

それを知ったシュタルケルさんがひどくショックを受けて、怒りをあらわにして擁護してくださったのです。

「抗議をしよう。ぼくが説明する。ぼくが良い演奏できたのは、よい共演者がいたからだ。ソナタの演奏が良かったというなら、ピアニストも良かったと一言ぐらい書くべきだ。チェロとピアノと共演によってソナタ（音楽）が成り立っているので、チェ

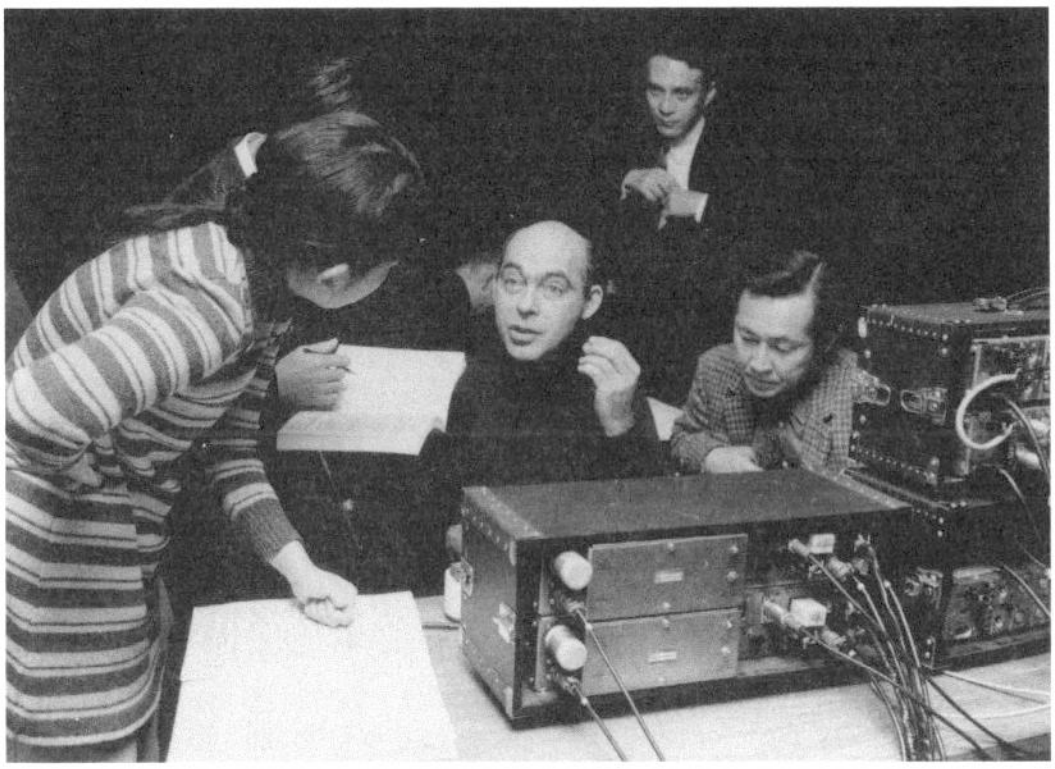

録音のテイクを入念にチェック

ロだけで一人歩きをしているような批評はありえない」と。

さすがに記事を訂正させるまではいかなかったけれど、私はシュタルケルさんのその姿に大きく動かされました。アンサンブルピアニストとしての道を歩み始めたばかりだった私の認識を新たにしてくださり、その後の私の演奏活動にも、ものすごく影響が大きかった出来事です。

シュタルケルさんに指摘されて以降、気をつけて見てみると、日本では（共演）ピアニストが蔑ろにされているのではないかと思えてきました。共演者が「ピアニスト」ではなく、「伴奏：誰々」と書かれてしまう。欧米では違います。チャイコフスキーコンクール以後、何度かソ連に演奏しに行ったり、イタリア（シエナ、キジアーナ）で演奏していても、ピアニストの名前がソリストと対等の立場でポスターやプログラムに印刷されています。

たとえば「チェロ・ソナタ」と言うけれど、本来は「チェロとピアノのソナタ」ですし、ベートーヴェンなどは「ピアノとチェロのソナタ」と書いています。それにもかかわらず、当時の日本では、ピアノが存在しないかのような批評が当たり前のように出ていたのです。

1975年の来日公演時に

シュタルケルさんが言ってくれたおかげで、自覚的になることができたんですね。それ以後、共演者を低く見るような風潮にはちゃんと言わなければならないという気になったし、実際にそうしてきました。それでもいまだに共演者のことを「ピアノ」ではなく「伴奏」と書かれていたりするものが多いのが現状ですね。

シュタルケルさんはとても繊細な演奏をされる方で、共演を通していろいろなことを教わりました。細かい強弱の違いなどを指摘していただいたのを覚えています。

練習のしかたというか心構えも教えてもらいました。これは私の生徒にも言っていることなのですが、例えばベートーヴェンのソナタを毎年何度もリサイタルで弾く機会があるとします。そういう場合には、同じ曲を練習するのでも、毎年練習のポイントを変えてみると良いんです。

ヘルシンキでの結婚式にて

「今年は大きな音が出せるようになろう」「今年はヴィブラートをきれいにしよう」「今年はレガートをきれいにしよう」といったように、一年ごとにひとつ目標を作って、それに専念する。そうすると、同じ曲を毎回同じように弾くのではなく、少しずつ違ったアプローチをすることになりますが、そうやって少しずつさらに上達していくことができるというわけです。

シュタルケルさんとは、その後も何度かリサイタルでご一緒させていただきました。また、私が一九八三年にフィンランドのヘルシンキで結婚式を挙げたときに、ちょうど協奏曲のソリストとしてヘルシンキにいらしていたので、式に参列していただいたばかりか、介添人役を買って出てくださったのです。祝賀会にも出てくださって、かけがえのない方です。

晩年はインディアナ大学で後進の指導にあたっていました。亡くなったときには教えを受けた二〇〇人近くの生徒、元生徒がみんな集まるような、そんな慕われる先生でした。

大学の近くにあるご自宅の豪邸に招かれたときには、「これはドヴォルザークの協奏曲をたくさん弾いて建てた家」、「これはコダーイの無伴奏ソナタで作ったプールだ」なんて冗談まじりに案内されたのを覚えています。シュタルケルさんはニューヨークでオケマンをやっていたときに、ハンガリーの出身ということもあって、ソリストとしてコダーイの無伴奏ソナタのレコーディングに取り組んだりしてキャリアを作り上げていった方だったので、なるほどと思いました。

クリスティアン・フェラス

一九七一年の四月に共演したクリスティアン・フェラスさんは、当時カラヤン／ベルリンフィルと協奏曲を弾いたり、世界トップに立つヴァイオリニストでしたが、いっぽうでとてもユニークなかたでもありました。ＮＨＫの番組で「あなたの趣味はなんですか」と訊ねられ「妻（My wife）です」と答えられたのが今でも印象に残っています。また、アルコール依存症を克服したあとで、パーティの席でもお酒ではなくコーラばかり飲んでいたのも印象的です。

それまでもっぱらチェロと共演することがほとんどだった私にとっては、フェラスさんが、はじめて共演するヴァイオリニストでした。それが世界的なヴァイオリニストだなんて、最初はどこか怖い印象だったのですが、とても優しくしていただいて、おかげで楽しく演奏することができました。

当時のチラシを見ると、ちゃんと「伴奏」ではなく「ピアノ：岩崎淑」となっています。このとき

は、四月九日に虎ノ門ホールでブラームスのソナタ第三番、フェラスさんのソロでバッハの無伴奏パルティータ、ドビュッシーのソナタ、ラヴェルのツィガーヌというプログラム、一週間後の四月一六日には日比谷公会堂でベートーヴェンのスプリングソナタ、バッハのシャコンヌ（無伴奏）、フランクのソナタ、クライスラーのウィーン奇想曲、サラサーテのアンダルシアのロマンス、ファリャのスペイン舞曲を演奏しています。さらにリサイタルの合間の時間を使ってレコーディングもしました。

セルジオ・ロレンツィ先生とのデュオ

セルジオ・ロレンツィ先生を招待する

一九七二年にはキジアーナ音楽院でお世話になったロレンツィ先生を日本にお呼びしました。ロレンツィ先生の同じクラスに和波孝禧《たかよし》さんがいて、二人でロレンツィ先生をお呼びしようという話になったのです。

和波さんと先生でヴァイオリンとピアノのデュオを、私は先生とピアノのデュオを演奏しました。

せっかく日本にご招待したので、和波さんとともにロレンツィ先生を連れて箱根へ観光旅行にも行きました。

和波さんとはその後もコンサートで共演したり、レコーディングもしました。

ポール・トルトリエ

共演する演奏家がはじめての方で、外国人の場合は、その方が日本にいらっしゃる前に、できるだけ私が現地に行って、事前に合わせ練習をしておくことを心がけていました。

というのも、シュタルケルさんとの共演などを経験してはいたものの、日本人で、ピアノの譜面だけをたよりにやってきた、何もわかっていない私のようなピアニストが、いきなり第一線で活躍する

箱根にて。左からロレンツィ先生夫妻、和波さん、和波さんのお母様

和波さんとのレコーディング『スプリングソナタ』（1972年5月）

ポール・トルトリエ

巨匠と共演することになったときに、ただピアノのことがわかっているだけではだめだ、ということを思い知らされていたからです。

一九七二年の一月に来日されるポール・トルトリエさんとのリサイタルでの共演が決まったときも、まずは現地に行って、共演者と同じ風景を見て、同じ空気を吸って、同じ食事を囲んで、ということが必要だと思っていました。

このときは、トルトリエさんが当時生活していたドイツのお宅にまで行ってリハーサルをしました。当時彼はエッセン＝ヴェルデンの音楽学校で教鞭をとっていました。同じ音楽学校では神谷郁代さんが学んでいました。

トルトリエの自宅にて

彼は本当に純粋に音楽を大切にしていました。

フォーレの『夢のあとに』をレコーディングしたときのことです。練習の前に「この曲の詩の内容を知っているかい？」ときかれたんです。とても易しい曲なんだけど、詩の内容も知らずに弾いていたなんて、恥ずかしくて…。慌てて声楽の知り合いに電話して、歌の楽譜を録音スタジオまで持って来てもらいました。トルトリエさんは、その場でフランス語の詩の内容を簡単に英語に訳して説明してくれました。説明が終わると、「じゃあはじめましょう」となっ

壮大な大仏を見上げる。トルトリエさんご夫妻と弟子の倉田澄子さんと倉田さんのお母様とともに。

たんです。小品が一〇曲以上もあるアルバムの中の、最初の方の短い一曲にまで、それだけ時間をかけて作っていく。演奏家としてとても真摯な姿だと思います。

もちろんコンサートでも、ステージに出る直前まで弾き方を追求し、とにかく研究熱心でした。

東京文化会館大ホールでのコンサートだったと思いますが、彼がステージに上がって弾き始める直前に、とつぜん弦が切れたことがありました。その時は、トルトリエさんに「すぐ張り替えて出るから」と言われて、彼がいっ

長谷寺の梅

たん舞台裏に下がって弦を張り替えている間、私はひとりステージに残されて、戻ってくるまでの時間、演奏曲目の解説をしたこともありました。

好奇心のかたまり

日本にいらしてからのトルトリエさんは何でも知りたがっていて、まるで好奇心のかたまりのようでした。そこで、鎌倉散策にお誘いしました。

一月か二月だったのでとても寒かったけれど、ちょうど梅の咲き始めた頃で、トルトリエさんは梅の香りを心から楽しんでいました。

東京の銀座に観光に行ったときには、「音楽だけが頭の中を回っていて、音楽のことばかり考えているから、ここが東京だっていうことがわからなく

アンドレ・ナヴァラと

なってしまう」なんておっしゃっていました。

アドバイス

トルトリエさんといえば、一九八八年の夏、キジアーナ音楽院で講師として来ていたアンドレ・ナヴァラさんが、マスタークラス期間中に突然亡くなってしまったときには、彼が急遽代役を引き受けてくださって、その三日後にはシエナに姿を現してくださったこともあります。

その時は、日本人のチェロの学生もたくさんレッスンしていたのですが、トルトリエさんは彼らに対して厳しい助言をするのです。例えば、バッハの無伴奏チェロ組曲のレッスンでは「君、ドイツのことを知っているか?」とか。隣で付き添っていた私もどきっとさせられた。ドイツの曲ならドイツの、フランスの曲ならフランスのこと、とにかくヨーロッパのことを知らなければクラシック音楽はできない、と思い知らされたものです。

サラバンドという舞曲では、すっと立ち上がって手を取って、こう踊るんだよ、こういうリズムなんだよ、と実際に示してくださった。踊りといえば盆踊りくらいしか知らず、クラシック音楽のバックグラ

モーリス・ジャンドロンと

ウンドを持たない日本人には、これが本当に難しい。
世界的な奏者と共演するなかで、私自身も何度もそういう壁にぶち当たったことか……。

モーリス・ジャンドロン

一九七二年には、ジャンドロンさんとも共演・レコーディングをしました。このときも、事前にフランスに行って練習をしました。ジャンドロンさんはパリ郊外の素敵なお宅にお住まいでした。一時間くらい歩くと川があって、さすがフランス人という感じのおしゃれなお宅でした。

日本に来て練習しているときに地震があって、とても驚いて不安がってらしたのも覚えています。

録音スタジオでテイクを聴くジャンドロン（左はディレクターの井阪紘氏）

録音の風景

来日演奏家とのステージ共演のあとはいつもレコーディングに入ります。ライヴとはまたちがった緊張が強いられるものです。トルトリエさんやジャンドロンさんのときもそうでした。ときには、現代作品の新曲も加わるので、演奏のディテール面での打ち合わせも必要になってきます。しかし、日本の優秀なディレクターやエンジニアたちに恵まれて、充実した仕事ができました。

ジャンドロン
「フォーレ作品集」
（カメラータ）

間宮芳生作曲『セレナーデ 1971』の録音（1972 年 4 月 11 － 12 日）
平田恭子（Sp.）徳永・堤（Vn.）江戸涼子（Va.）西内荘一（Vc.）

録音本番前に指ならし

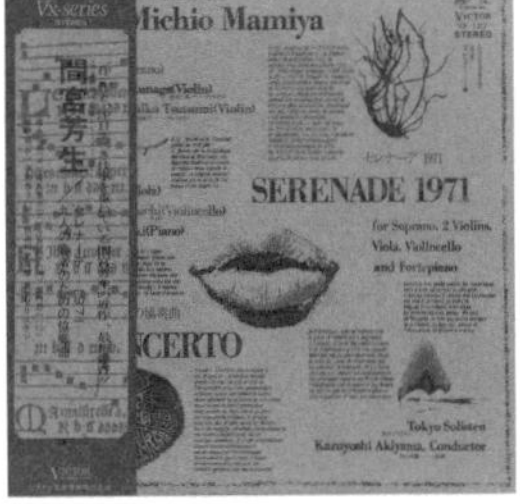

間宮芳生
「セレナーディ 1971 ／他」
（ビクター）

イツァーク・パールマン

イツァーク・パールマンは、ジュリアード時代の同窓、勉強仲間で、学校のロビーなどでよく会っていました。同門のサミュエル・サンダースがもっぱら共演者をつとめていたこともあり、身近に感じていました。

一九七四年に日本でリサイタルをすることになり、私が伴奏すると決まりました。このことをアシュケナージに伝えると、「彼は練習が大嫌いだから気をつけなさい」と忠告してくれました。そして実際一時間くらい弾いたかなというくらい、とても短い時間で初日の本番を迎えることになったのです。

本番、おそるおそる彼のヴァイオリン（ストラディヴァリウス）を持って入場して、ステージで渡したとき、やさしく「サンキュー」と言ってくれました。

それでも、初めての共演ということもあって、ほとんど練習なしでの本番になってしまったので、緊張して、ちょっとしたミスをしてしまったんです。

演奏が終わってから、そのことを釈明したら「いや、ぼくはちゃんと弾いたよ。あなたがうまくいかなかったのはあなたの責任だ」、と言われてしまいました。

これにはドキッとしてしまって、言い訳なんかしちゃいけないんだって真っ青になってしまったのを覚えているわ。

フェリックス・アーヨと

フェリックス・アーヨ

ある晩、突然京都から電話があったのです。アーヨさんのマネージャーでした。

「先ほどフェリックス・アーヨさんのリサイタルが京都であったんですが、共演者とうまくいかず、アーヨさんが替えてくれと言っています。明日、東京公演が日本都市センターホールでありますので、淑さんにピアノを弾いていただきたいのです」

「曲目はなんですか」

「モーツァルトのソナタと、ブラームスのソナタ第二番と、フランクのソナタです」

知らない曲はモーツァルトのソナタ一曲（変ホ長調Ｋ３８０）だけ。あとの二曲は私のレパートリー。モーツァルトなら譜読みの時間がなくてもどうにかなる、ということで引き受けることにしました。

「わかったわ」

「では明日の朝一一時に、京都からあなたのお宅に直行しますから、そこで練習して、夜本番です」

引き受けたはいいものの、その日の晩のうちに大慌てでモーツァルトの楽譜を本棚から探し出してきて、準備をしました。

翌朝一一時になると、アーヨさんがいらっしゃいました。すぐに楽器を出して、少し合わせたら「大丈夫、問題ないよ」ということで、さっそくホールに移動して、ステージリハーサルをして、あれよあれよという間に本番を迎えました。

今思えば、ろくに挨拶もせずに、お互いの演奏歴なんかをお話する暇もなく演奏に入ったので、どんな人なんだろう、と思いながら本番で弾いていたのを覚えています。

本番が無事終わり、アーヨさんには満足していただくことができました。もちろんプログラムが今まで弾いたことのある曲だったので、私としてもそんなに心配せずに弾けたということもありますが、ものすごく喜んでいただきました。

そして、翌日の大阪でのピアノ伴奏も引き受けることになったのです。

大阪公演のリハーサルの録音が残っているので、聴いてみたら、私が弾きながら大声で「今何時!?」と聞いてマネージャーが「六時です!」と叫ぶ声が収録されているんですよ。

そんなにぎりぎりだったのね（笑）

ペーター＝ルーカス・グラーフと

こんなオファーは後にも先にもこれ一度だけ。今そんなオファーが来ても断るけれど。

ペーター＝ルーカス・グラーフ

フルートのペーター＝ルーカス・グラーフさんとは一九七六年に一度、スイスのレンクという町の教会で共演して以来のお付き合いです。

一九七八年に来日したときのことです。彼は結婚したばかりの美しい奥さんを連れていました。

このときはモーツァルトのフルートソナタを演奏しましたが、モーツァルトでは、ピアノの音量が大きくなりすぎないように常に気をつけなければいけません。リハーサルでも、じゅうぶん小さく弾いていたのですが、客席で聴いていたグラーフ夫人に「淑、主人の音が聞こえないからもっと小さく」と言われてしまいました。

曲としてのバランスよりも、とにかく夫の音を聞いていたい、そんな気持ちだったのでしょう。

グラーフ夫妻の宮島でのツーショット

1981年に来日した際には、共演はしなかったのですが、私の家に遊びに来てくれました。

ミクローシュ・ペレーニ（左上）やコダーイ・カルテット（右上）やナイジェル・ケネディ（右下）との共演をはじめ、他にも多くの方と数え切れないほどのコンサートをこなしてきました。

天満敦子さんが 1979 年にデビューリサイタルを開いたときも、私がピアノを担当しました。

ベルリンカルテット（ズスケカルテット）との、
故郷倉敷での共演（1975年10月）

ベルリンカルテットの面々と倉敷の町を歩く

ローラ・ボベスコ

ローラ・ボベスコさんは、日本にも熱心なファンが多く、そうしたファンの方たちが協力して日本でのリサイタルが実現しました。一九八一年のことです。

彼女の演奏はとても繊細でした。いっぽう舞台上で自分がどのように見えるかについても、とても気にされる方でした。リハーサルでは舞台上での立つ位置や、スポットライトの向きなどを念入りにチェックされていました。

演奏旅行先でのことです。女性同士ということで、一緒に服を買いに行きました。ホテルの部屋に戻ってしばらくすると、ローラさんから「私の部屋に来てちょうだい」と呼ばれました。部屋の扉に手作りで「ローラ・ブティック」と書いた紙が貼ってあるのです。部屋の中には、先ほど買ったばかり服が並べられていました。ファッションショーをしたんです。そんなお茶目な一面もありました。

ステージでもふだんでもオシャレなボベスコさん

ミッシャ・マイスキーとの共演

ミッシャ・マイスキー

一九八六年の初来日の時に共演しました。演奏が終わり、舞台裏に行くたびにシャツを着替えていたのが印象的でした。

マイスキーはその後キジアーナ音楽院の講師になったので、毎年夏にお会いするようになります。

演奏を終えて

シエナの街角でマイスキーとともに

モスクワの空港に降り立つ

インテルメッツオ

コンサート・ツアーの余白

音楽家にとって世界各地を巡る演奏旅行ほど充実した経験となることはいうまでもありません。とくに演奏家と旅行は切っても切れない関係にあるのです。音楽祭への出演を初め、国の音楽派遣団として、あるいは単独のコンサート・ツアーなど、音楽を通して世界の人々とふれあう機会が持てます。その土地の文化を知り、見聞を広め、人々の生活の営みに触れることによって、ゆたかな交流が育まれるからです。

私も、国際交流基金音楽使節として何度もさまざまな国や地域に演奏しに行きました。日本の演奏家を使節として外国に派遣することはとても良いことだと思っています。

しかし、良いことばかりとは言えません。会場によってはピアノの状態が芳しくなくて、鍵盤がささくれていたり、ペダルが効かなかったりで、演奏するのは大変だし、会場が暑すぎたり寒すぎたりします。ところが、そんな劣悪な環境とはいえ、人々はどこの国においても美しい音楽を求めているのがわかります。

旧ソ連（モスクワ・レニングラード・リガ・キエフ）から東欧（ブルガリア・ルーマニア・東ドイツ）への何度かの演奏旅行も、いろいろな思い出が蘇ってきます。

モスクワはチャイコフスキーコンクールでも訪れたことがありましたが、いかに聴衆が素晴らしいか、毎回訪れるたびにそう思います。彼らは、冬の氷点

リサイタルのポスターを前にして

下の厳しい寒さのなか、楽屋口の前で待ってくれて、ブラヴォーと叫んでくれます。音楽を心から愛しているのが伝わってきます。

そういえば、東ドイツではショッキングなできごとに遭遇しました。コンサートの前に、私たちが東ドイツ大使館に表敬訪問したとき、「うちの国にはクラシック音楽がたくさんあるから、わざわざあなたが来る必要はない」と言われたのです。しかし、市民・聴衆は違いました。当時の東ドイツで人々がどんなに大変な思いで生活しているかを感じ取ることができました。

ルーマニアのブカレストで演奏したときのことです。当時、この国の人々の生活も貧しく、コンサート会場に行く前に、「絹の靴下を履いて行かないように」と注意されたくらいです。けれども、演奏が終わると、聴衆は皆、にこにこ笑顔で拍手してくれて、音楽の感動をからだで示していました。女の子からバラの花を一本さしだされ、とてもうれしい気持ちになりました。演奏後には盛大なパーティを開いてくれて、音楽家に対してとてもあたたかくもてなしてくださったものです。

　ある日、牛乳が飲みたくなってね。レストランへ行けば飲めるだろうと思って、「ミルク」って注文するんですが、いっこうに通じないんですよ。洸が「モーォ」と牛の鳴き真似をしても、だめ。これはボディランゲージしかないかなと思って、洸が乳房を絞る格好をしたら、慌てて持って来てくれたわ。

第39回　アレクサンドル・ヤコブレフと

第3章

ミュージック・イン・スタイル

室内楽への情熱

一九七六年にはじまり、今年（二〇一七）で四十回目を迎えた「ミュージック・イン・スタイル」の活動は、私の音楽人生にとって非常に大きな部分を占めています。

かつてジュリアード音楽院やキジアーナ音楽院で研鑽を積み、室内楽を中心に勉強してきて痛感したことは、欧米ではごくふつうに室内アンサンブルを楽しむ環境ができているのに、日本へ帰ってくると、本格的な室内楽コンサートはおろか、通常の演奏する場もない、という状況でした。もちろん聴衆もまだ成熟していません。室内楽のレパートリーでコンサートを企画することは、当時としてはまだまだ冒険の部類だったのでしょう。コンサートをプロデュースするマネージャーに室内楽企画をやってほしいと頼んでも、食指を動かす気配すらなく、当分のあいだお預け状態になっていました。帰国後、数年経っても、ピアノ・トリオすら実現できない有様です。もとより、来日演奏家との共演は続いていて、それこそ毎週のようにステージに立ってはいました。

こうしてオファーがないまま数年が経ち、これではいけないと一念発起して取り組んだのが、自主的に企画する「ミュージック・イン・スタイル」という室内楽のリサイタル・シリーズだったのです。

ミュージック・イン・スタイルの構想

まずは、どうしたら充実した室内楽活動が一回限りではなく、長続きできるようなシリーズになりうるかを考えました。なにより、どうしたら聴衆の皆さんに楽しんでもらえるようなプログラムが組めるかなども考え合わせ、構想を練りました。

最初はトリオかクインテットを結成しようと思っていたのですが、そうなるとメンバーやレパートリーが固定されてしまいます。室内楽の編成はそれこそ山ほどあります。私自身も、とにかく世界各国のいろいろな方とさまざまな種類のアンサンブルを組んできていました。したがって、いつも同じメンバーでやるのではなく、毎回違うメンバーでできるほうが楽しいとも思うようになっていました。ですから、楽器編成を固定してしまうのではなく、毎回毎回、異なった楽器の組み合わせを考えて、バラエティに富んだレパートリーで臨もうと考えを固めました。幸い、それまで私が共演してきた内外の演奏家や、ジュリアード時代の友人、洸の仲間など、共演者には事欠きません。

では、どのようなプログラムを組むかということになりますが、例えば、一つのコンサートにいろいろな作曲家の作品を多様な編成によるプログラムを組む、あるいは、一人の作曲家に焦点をあてて、多彩な楽曲を選び、異なった編成で構成するといった具体案が出てきました。

それからもうひとつ、外国の演奏家を毎回かならず一人加えるということもポリシーとしました。こうすることによって、なにより本場の音楽経験から学ぶという絶好の機会に恵まれることになります。外国の第一線の音楽家たちには、しっかりとした音楽観・演奏観が培われていますから、彼らとともに演奏会を作ってゆくことで、本番の演奏だけでなく舞台裏や練習の場でも、自然に音楽の中に入っていけるようになります。そういう雰囲気の中での音楽作りこそが大切なのではないかと、シュタルケルさんはじめ、たくさんの名演奏家たちとの共演で教えられてきました。

当たり前の話ですが、日本人の音楽に対する考え方というのは、西欧の人々とどこか違うんですね。向こうには、ちゃんと歴史があるというか、無意識の中に音楽を感じる素養というのがすでに遺伝子の中に組み込まれているんですよ。細かいことを言えば、フレーズひとつとっても考え方が違うし、譜面の見方も違うんですね。

私がアメリカで学んだ先生方だって、みんなヨーロッパで勉強してきた方ばかりです。ジュリアードでの恩師フロインドリッヒ先生も、元はといえば、ウィーンで勉強してきた方です。だからこそ、アメリカにいた数年間のあいだ、そこでヨーロッパの歴史的な背景を感じることができたのだし、のちにイタリアのキジアーナ音楽院にも行ったことで、それはよりいっそう強くなったものです。

とにかく、これまでの演奏活動を通じて、私なりの音楽観を深めていくなかで、そして私がやってきたこと、学んできたことを実践するには、自分で演奏会をプロデュースして、室内楽を広めてゆくしかないと思ったのです。

考えてみれば、芸大ができて一〇〇年、N響ができて一〇〇年経っていますが、ヨーロッパの音楽の歴史から考えれば、たった一〇〇年です。巷にはクラシックのメロディが溢れていますが、それでも日本のクラシック音楽はまだまだ庶民のものにはなっていないという実感があります。とくに室内楽の分野は立ち後れています。聴衆からすれば、知らない曲、一度も聴いたことない曲など、それこそ無数にあります。西欧音楽の宝庫をこのままにしておいてはいけないという使命感にも似た気持ちが湧きおこってきたものです。

ミュージック・イン・スタイルのあゆみ

第一回　一九七六年一〇月

曲目は、モーツァルト、ラヴェル、ブラームスの、いずれもピアノと弦楽のための作品。ジェラール・ジャリ（第一ヴァイオリン、パイヤール室内管弦楽団ソリスト）、森悠子（第二ヴァイオリン、洸の同級生、当時パリを拠点に活躍）、ミルトン・トーマス（カザルス・フェスティヴァルでのヴィオラ奏者）、岩崎洸（チェロ）と、ブラームスのピアノ五重奏曲を披露。そのとき、別宮貞雄先生がすばらしい演奏会評を書いてくださって、感銘を受けたものです。悪い演奏をしたらそれで終わりだけど、良い演奏をすれば次に繋がるということを身にしみて感じました。第一回にとても良い演奏ができたので、次に弾みがつきました。

第一回目の記念すべきコンサートということで、それこそ緊張と興奮でいっぱいだったのね。舞台の裏で、ミルトンが「break your neck（ガンバレ!）」とか「be in smile（笑顔で!）」とか言ってくれるのよ。緊張のあまり堅苦しくなってしまいがちなところ、なごやかなムードにしてくれるんです。もちろん、音楽に対するアプローチのしかたや、ステージマナーなども学ばせてもらいました。

第二回　一九七七年一〇月

打楽器を交えたアンサンブルとピアノ・デュオを企画。共演はピアノのラルフ・ゴトーニさん（フィンランド人、オッコ・カムからの紹介）とパーカッションの有賀誠門さん、吉原すみれさん。外国から招聘するとなると経費がかかります。当時まだ私たちは旅費を払えるほどの余裕がなかったから、自宅にお泊めして、ごはんも一緒に食べて……フランクなおつきあいとなりました。もちろん、演奏会は大盛況で、当時の打楽器のトップ奏者たちのパフォーマンスは圧巻でした。

第三回　一九七八年五月

テーマはブラームス。ヴァイオリンソナタ第二番とピアノ・トリオ&カルテット。共演者はドン＝

ドン＝スク・カンと

スク・カン（ヴァイオリン）、ブルーノ・ジュランナ（ヴィオラ）、岩崎洸（チェロ）。

ロンドンのコンクールを聴きにいったときに、当時一九歳のドン＝スク・カン君が弾いて、ものすごく上手かったので、楽屋に押しかけちゃったの。そのコンクールでは優勝できなかったけれど、コンクールのあとにロンドン見物に連れ出して、お話したわ。

「日本に行ったことある？」

「ないです」

ということで、さっそく招待したわけ。

ジュランナさんは、キジアーナ音楽院で憧れの先生だった方。とにかくジュランナさんという素晴らしいヴィオラ奏者を日本の聴衆に紹介したい、その一心でお招きしたのです。そして、ソロのリサイタルも、録音セッションもしています。七〇年代

ローマのカルミレッリさんのお宅で

は来日演奏家との共演があると、レコーディングをするという流れがありました。ミージック・イン・スタイルのシリーズで私がお呼びしたアーティストとの共演が、レコーディングにもつながっていったのです。

共演したいと思った演奏家には自分からアプローチしました。憧れた人とは共演したくなっちゃうの。惚れ込みやすいというか、なによりジュランナさん、かっこいいのよね（笑）。

第五回　一九八〇年一〇月

この回はボッケリーニとフランクとショスタコーヴィチの、いずれも代表的なピアノ五重奏曲を披露しました。共演者はピーナ・カルミレッリ、吉川朝子（ヴァイオリン）、亀田美佐子（ヴィオラ）、岩崎洸（チェロ）。

カルミレッツリさんといえば、イ・ムジチの創設者。キジアーナ音楽院のためにシエナを訪れていたその足でローマに立ち寄り、カルミレッツリさんのご自宅を訪問して、日本での共演を依頼した経緯があります。そのとき、ご自宅でボッケリーニの楽譜の校訂作業をしていました。もとはカルミレッツリさんに師事していた吉川朝子さんからの紹介ですが、彼女もセカンド・ヴァイオリンとして加わっています。学究肌で、練習熱心かつ教育熱心なカルミレッツリさんを思い出すと、思わず身が引きしまります。

いかに一生懸命であられたか。来日されて早速私の自宅でリハーサルしたんです。練習が一段落して、私たちが談笑していたところ、楽器を手に立ち上がって、「さあ、始めましょう」と。当時、もう六〇歳を過ぎてらしたのですが、いつもエネルギッシュなのね。とてもきれいな音色で、五人でのアンサンブルもとても充実していたわ。

コンサート・ツアーのさなかにも、新幹線での移動中など、スコアを眺めたり、昨夜の演奏の録音を聴き直しては、私たちにいろいろとアドバイスをしてくれました。とにかく、研究心旺盛な方でしたね。

日本人作曲家に作品を委嘱

さて、第六回からいよいよ日本人作曲家の委嘱作品が登場します。松平頼暁氏の『ジェネシス』をトップバッターに、これまでに二六作品を数えています。

新作を依頼する際、出演するメンバーに合わせた編成で、演奏時間が一〇分以内の曲を作ってくださいという条件でお願いしました。これらの委嘱作品をまとめたCDを今まで三枚リリースしてきました。三作品は出版譜にもなり、今後さらに増やしていきたいと考えています。

多彩な楽器編成はもとより、それぞれの個性的な作曲技法が駆使され、新しい音響世界が拡がっていきました。

なにしろ、新作ですから、演奏経験がない分、なにが起こるか分かりません。第一三回の（一九八九年一〇月）コンサートは東京以外に地方で五公演が控えていました。チャイコフスキーのピアノ三重奏曲『偉大な芸術家の思い出に』をメインに据えて、ソプラノ独唱による声楽曲（新作含む）というのがプログラムでした。その回の委嘱作品は新実徳英『淡海――ソプラノ、ヴァイオリン、チェロとピアノのために』。

ところが……。

地方公演で、共演する予定の歌手（塚田京子さん）が「今日は新作は歌いません」と、なんと演奏会当日のお昼に宣言されてしまったんです。これは困ってしまいました。

ピアノの譜めくりをお願いしていた人（三輪栄さん）は、声楽もされている方で、初見も得意だという。新作の、それも手稿譜の初見といったら並大抵のことではありません。それも承知の上で、代役をお願いして事なきを得ました。

ミュージック・イン・スタイル
委嘱作品ディスク
（AURORA レーベル）

第 1 集（1981-1988）

第 2 集（1989-1995）

第 3 集（1997-2005）

ユニークなプログラム

これまでのミュージック・イン・スタイルの演奏記録を眺めると、なにやら見知らぬ作曲家や知られざる作品等、楽器編成もさることながら、クラシック・ファンにとってもおそらく「初めて聴く」作品が散見されると思います。しかし、知らない曲を日本の聴衆に聴いてもらう、聴いたことのない曲だからこそ聴いてもらう、ミュージック・イン・スタイルでは、そういう思いも大切にしてきました。

第一二回には、オリヴィエ・メシアンの『世の終わりのための四重奏曲――クラリネット、ヴァイオリン、チェロ、ピアノのための』を取りあげたのですが、地方の演奏会の主催者からは、「新しい曲ではお客が呼べません」と言われてしまいました…。

でも、私は新しい曲に触れてもらうことを目的にしているのだから、と譲りません。早速主催者に音源をお渡しし、事前に聴いていただくようお願いしたの。

ところが、蓋を開けてみたら、お客が来ないどころか、満員。聴きに来てくれた方も「とってもいい曲ね」とおっしゃっていたんです。

日本の聴衆は、とかく聴いたことがないからといって食わず嫌いしている部分があるし、音楽会を企画・運営する側も、そのことを気にしすぎてしまって、例えば、どんな海外の名演奏家が来ても、交響曲だったら『運命』とか、ピアノソナタだったら『熱情』とか、決まりきった演目になってしまう。これは日本のコンサート文化の良くないところだと思います。

二〇回記念コンサート

二〇回の記念となる演奏会では、豊嶋泰嗣さんのヴァイオリンと洸のチェロとともに演奏したベートーヴェンの三重協奏曲を筆頭に、三曲の協奏曲を取りあげました。この記念コンサートでは、これまでのミュージック・イン・スタイルの共演者や、沖縄ムーンビーチ・ミュージック・キャンプに参加していた有望な若手演奏家を募って、「岩崎淑の仲間たち」というオーケストラを組織していただきました。

第二〇回以降も引き続き内外の著名な実力派演奏家をお招きし、中堅の日本人作曲家には新作をお願いしてのミュージック・イン・スタイルのシリーズを、毎年続けることができ、毎回充実した成果を収めることができています。

ミュージック・イン・スタイル
公演記録
（1976 - 2016）

Vol.1
1976. 10/4, 6
モーツァルト：ピアノ四重奏曲第２番
ラヴェル：ピアノ三重奏曲
ブラームス：ピアノ五重奏曲

共演
ジェラール・ジャリ、森 悠子（Violin）
ミルトン・トーマス（Viola）
岩崎 洸（Cello）

Vol.2
1977. 10/12, 13, 17
シューベルト：幻想曲
ラフマニノフ：２台のピアノのための組曲　第２番
バルトーク：２台のピアノと打楽器のためのソナタ
ほか

共演
ラルフ・ゴトーニ（Piano）
有賀誠門、吉原すみれ（Percussion）

Vol.3
1978. 5/18, 29
ブラームス：ヴァイオリン・ソナタ　第２番
　　　　　　ピアノ三重奏曲　第１番
　　　　　　ピアノ四重奏曲　第１番　ほか

共演
ドン＝スク・カン（Violin）
ブルーノ・ジュランナ（Viola）
岩崎 洸（Cello）

Vol.4
1979. 10/8, 9, 12, 13
ブラームス：ホルン三重奏曲
モーツァルト：ピアノと管楽のための五重奏曲
ほか

共演
宮本文昭（Oboe）　山本正治（Clarinet）
岡崎耕治（Bassoon）
アイファー・ジェームス（Horn）
名倉淑子（Violin）　岩崎 洸（Cello）

Vol.5
1980. 10/12, 15, 16, 18, 20, 21, 22
ボッケリーニ：ピアノ五重奏曲　第６番
ショスタコーヴィチ：ピアノ五重奏曲
フランク：ピアノ五重奏曲

共演
ピーナ・カルミレッリ、吉川朝子（Violin）
亀田美佐子（Viola）　岩崎 洸（Cello）

Vol.6
1981. 9/30, 10/1, 2, 3, 4, 6, 12, 13, 14
松平頼曉：ジェネシス〔※委嘱作品〕
ラヴェル：マダガスカル島の歌
シューベルト：岩の上の羊飼い　ほか

共演
クレーシー・ケリー（Soprano）
リサ・ルーホ（Flute）　村井祐児（Clarinet）
上村 昇（Cello）

Vol.7
1982. 11/30, 12/1, 2, 3, 4
メンデルスゾーン：ピアノ三重奏曲　第２番
藤田正典：ピアノ・トリオのための
「ミクロモーション」〔※〕
ラフマニノフ：悲しみの三重奏曲　第２番
「偉大な芸術家の思い出」　ほか

共演
清水高師（Violin）
ミクローシュ・ペレーニ（Cello）

Vol.8
1983. 11/1, 2, 5, 7, 8, 14, 16
吉松 隆：虹色のぷりずむ〔※〕
シューマン：２台のピアノ、２つのチェロとホルンのためのアンダンテと変奏曲
ブゾーニ：対位法的幻想曲　ほか

共演
エドワード・アウアー（Piano）
堀 了介、山崎伸子（Cello）　山岸 博（Horn）

Vol.9
1984. 11/7, 13, 15, 17, 19, 20, 21
西村 朗：バリトン、ピアノと弦楽四重奏のための「メディテーション」〔※〕
マーラー：リュッケルトの詩による５つの歌　ほか

共演
アーサー・トンプソン（Baritone）
藤原浜雄、高田美穂子（Violin）
百武由紀（Viola）　秋津智承（Cello）

Vol.10
1986. 6/23, 26, 27, 28, 30
近藤 譲:晩い訪れ（ピアノと９つの楽器のための）〔※〕
サン=サーンス：七重奏曲　　ほか

共演
清水高師、室谷高廣（Violin）
原田幸一郎、古武美佳（Viola）　岩崎 洸（Cello）
上田 誠（Contrabass）　峰岸壮一（Flute）
浜中浩一（Clarinet）　田宮堅二（Trumpet）
千葉 馨（Horn）　川合良一（Conductor）

Vol.11
1987. 10/30, 31, 11/1, 5, 7, 8, 9
ヴィヴァルディ：ギター協奏曲
北爪道夫：光の輪〔※〕
ドヴォルザーク：ピアノ四重奏曲　第１番　ほか

共演
ウラディミール・ミクルカ（Guitar）
安芸晶子（Violin）　長谷川晶子（Viola）
毛利伯郎（Cello）

Vol.12
1988. 5/30, 6/4, 6, 7, 8, 9
ブラームス：クラリネット三重奏曲
毛利蔵人：「帰り道に」〔※〕
メシアン：世の終わりのための四重奏曲　ほか

共演
チャールズ・ナイデック（Clarinet）
漆原啓子（Violin）　岩崎 洸（Cello）

Vol.13
1989. 10/22, 24, 25, 26, 28, 30
ロッシーニ：「音楽の夕べ」より
新見徳英：淡海〔※〕
チャイコフスキー：ピアノ三重奏曲「偉大な芸術家の思い出に」 ほか

共演
塚田京子、三輪 栄（Soprano）
イク＝ワン・ベエ（Violin）　林 峰男（Cello）

Vol.14
1990. 10/29, 30, 31, 11/1, 2, 3, 5
ブラームス：ピアノ四重奏曲　第３番
藤田正典：ピアノ・トリオのための「ミクロモーション」〔※〕
フォーレ：ピアノ四重奏曲　第１番　ほか

共演
原田幸一郎（Violin）
ポール・コレッティ（Viola）
向山佳絵子（Cello）

Vol.15
1991. 6/26, 27, 29, 7/1, 2, 3, 4, 5
ジナタリ：ギターとチェロのためのソナタ
石島正博：紘花幻想〔※〕
シューベルト：ピアノ三重奏曲　第１番　ほか

共演
潮田益子（Violin）　岩崎 洸（Cello）
福田 進（Guitar）

Vol.16
1992. 11/13, 14, 16, 17, 19, 21, 22
シューベルト：弦楽四重奏曲「死と乙女」
マリピエロ：５つの楽器のためのソナタ
ドヴォルザーク：ピアノ五重奏曲　ほか

共演
フェデリーコ・アゴスティーニ、久保陽子（Violin）
店村眞積（Viola）　岩崎 洸（Cello）

Vol.17
1993. 11/11, 16, 17, 18
ダンツィ：木管五重奏曲　変ロ長調　作品 56 － 1
野田輝行：コンソナンス〔※〕
プーランク：ピアノ六重奏曲　ほか

共演
中山早苗（Flute）　蠣崎耕三（Oboe）
磯部周平（Clarinet）　岡崎耕治（Bassoon）
フランシス・オリヴァル（Horn）

Vol.18
1994. 11/11, 13, 17, 19
ラヴェル：５つのギリシャ民謡
安良岡章夫：ディスカントゥス〔※〕
ショスタコーヴィチ：ブロークによる７つの詩
ほか

共演
アレクサンドラ・バランスカ（Soprano）
久合田 緑（Violin）　北本秀樹（Cello）

Vol.19
1995. 10/11, 12, 13, 14, 15
メンデルスゾーン：チェロ・ソナタ　第２番
別宮貞雄：三重奏曲〔※〕
ラヴェル：ヴァイオリン・ソナタ
ベートーヴェン：ピアノ三重奏曲　第７番「大公」

共演
ドメニコ・ノルディオ（Violin）　岩崎 洸（Cello）

Vol.20
1996. 12/5　20周年記念コンサート
モーツァルト：２台のピアノのための協奏曲
武満徹：弦楽のためのレクイエム
ベートーヴェン：ピアノ、ヴァイオリンとチェロのための三重協奏曲　　ほか

共演
李 京美（Piano）　久保陽子、豊嶋泰嗣（Violin）
岩崎 洸（Cello）　原田幸一郎（Conductor）
室内オーケストラ「岩崎 淑の仲間たち」

Vol.21
1997. 12/2, 3, 4, 5, 6, 7
ノルウェー音楽の夕べ（ノルウェー王国芸術祭参加）
グリーグ：ヴァイオリン・ソナタ　第３番
平吉毅州：初恋〔※〕
ハッベスタ：静けさや　～12の俳句による～
ほか

共演
ニョール・スパルボ（Bass-Baritone）
中村伸吾（Piano）　新垣裕子（Violin）

Vol.22
1998. 11/25, 27, 28, 12/6, 8
ラヴェル：ピアノ三重奏曲
金子仁美：残響〔※〕
リスト：エレジー　第１番、第２番
ブラームス：ピアノ三重奏曲　第３番

共演
小林美恵（Violin）　アラン・ムニエ（Cello）

Vol.23
1999. 12/5, 6
ブラームス：ハイドンの主題による変奏曲
ダッラピッコラ：３台のピアノのための音楽
吉松隆：虹色ぷりずむ I
ラフマニノフ：２台のピアノのための組曲
第１番「幻想的絵画」　　ほか

共演
東 誠三、フセヴォロト・ドヴォルキン（Piano）
堀 了介、山口伸子（Cello）　山岸 博（Horn）

Vol.24
2000. 10/30, 31, 11/1, 4, 5
フンメル：ピアノ五重奏曲　変ホ長調
北爪道夫：光の輪
シューベルト：ピアノ五重奏曲「ます」

共演
ドン＝スク・カン（Violin）　大山平一郎（Viola）
岩崎 洸（Cello）　星 秀樹（Contrabass）
鈴木大介（Guitar）

Vol.25
2001. 11/15, 16, 20, 22, 23, 25
トスティ：夢
レスピーギ：夕暮れ
飯沼信義：ソプラノと室内楽のための
《イル・ドローレ》
G・ウンガレッティの３つの詩〔※〕
ボッケリーニ：ピアノ五重奏曲　ハ長調　ほか

共演
横山恵子（Soprano）　漆原啓子、伊藤亮太郎（Violin）
馬淵昌子（Viola）　山本裕康（Cello）

Vol.26
2002. 11/29, 12/1, 2, 4
シューマン：ピアノ四重奏曲
瀬川雄介：ピアノ四重奏曲〔※〕
フランセ：弦楽三重奏曲
ブラームス：ピアノ四重奏曲　第１番

共演
原田幸一郎（Violin）　豊嶋泰嗣（Viola）
岩崎 洸（Cello）

Vol.27
2003. 12/18, 20, 21, 23
モシュコフスキ：組曲　ト短調
香月 修：詩曲 II〔※〕
マルティヌー：ソナチネ
プロコフィエフ：ソナタ　ハ長調

共演
渡辺玲子（Violin）　マルコ・ロリアーノ（Cello）

Vol.28
2004. 12/14, 17, 18
シューマン：詩人の恋
テンツァ：妖精の瞳
トスティ：もう愛さない、魔法、セレナータ
ブッツィ＝ペッチア：ロリータ
デ・クルティス：忘れな草、なぜ泣かぬ
カルディッロ：カタリ・カタリ

共演
呉 承容（Baritone）

Vol.29
2005. 11/17, 20, 21
メンデルスゾーン：チェロ・ソナタ　第２番
ベートーヴェン：ロマンス　第２番
ラヴェル：ツィガーヌ
中島良史：３つの夜想曲〔※〕
アレンスキー：ピアノ三重奏曲　第１番

共演
ジョセフ・リン（Violin）　岩崎 洸（Cello）

Vol.30
2006. 12/9, 10, 16　第 30 回記念公演
シューベルト：ピアノ三重奏曲　第２番
チャイコフスキー：ピアノ三重奏曲
「偉大な芸術家の思い出に」

共演
漆原啓子（Violin）　岩崎 洸（Cello）

Vol.31
2007. 11/12　グリーグ没後 100 年記念
グリーグ：ヴァイオリン・ソナタ　第１番、第２番
三浦和朗：〈トリグリフ〉〔※〕
グリーグ：チェロ・ソナタ
ヴァイオリン・ソナタ　第３番

共演
ジョセフ・リン（Violin）　岩崎 洸（Cello）

Vol.32
2008. 10/4, 5
モーツァルト：ピアノ四重奏曲　第１番
ドヴォルジャーク：ピアノ五重奏曲　イ長調
ウェーベルン：弦楽四重奏のための緩徐楽章
シューマン：ピアノ五重奏曲

共演
ロータス・カルテット

Vol.33
2009. 11/5, 7
ベートーヴェン：チェロ・ソナタ　第２番
チェロ・ソナタ　第４番
チェロ・ソナタ　第５番
岩住 励：Eccentric Loops〔※〕
ベートーヴェン：チェロ・ソナタ　第１番
チェロ・ソナタ　第３番

共演
ヴィットリオ・チェカンティ（Cello）

Vol.34
2010. 6/7, 8, 9
モーツァルト：ヴァイオリン・ソナタ　ト長調
ショスタコーヴィチ：チェロ・ソナタ　ニ短調
シューベルト：ピアノ三重奏曲　第１番

共演
庄司紗矢香（Violin）　岩崎 洸（Cello）

Vol.35
2011. 9/30, 10/1, 2, 3
スーク：ピアノ四重奏曲
蕭泰然：台湾頌、D調夜曲、嘸通嫌台湾
クロール：バンジョーとフィドル
洪 千恵：和歌〔※〕
ブラームス：ピアノ四重奏曲　第１番

共演
蘇 顯達（Violin）　何 君恆（Viola）
岩崎 洸（Cello）

Vol.36
2012. 11/7, 8, 9, 11
シューベルト：楽に寄す、鱒、菩提樹
ベートーヴェン：アデライーデ、君を愛す　ほか
青山正憲：〈夢幻歌〉～夢の中の設計図～〔※〕
ベートーヴェン：ピアノ三重奏曲　第１０番
　　　　　　　連作歌曲「遥かな恋人に寄す」

共演
河野克典（Baritone）　島田真千子（Violin）
堀 沙也香（Cello）

Vol.37
2013. 11/15, 17, 18, 19, 20
アルベニス：タンゴ、コルドバ、アストゥリアス
セミョーノフ：ブラージムジアーナ
カサド：親愛なる言葉
菅野美弘：「星座」〔※〕
ピアソラ：ジャンヌとポール、アヴェ・マリア、
　　　　　ヴィオレンタンゴ　ほか
共演
ジュゼッペ・シリアーノ（Bandneon/Accordion）
岩崎 洸（Cello）

Vol.38
2015. 12/6, 8, 9, 11, 13
モーツァルト：ピアノと管楽のための五重奏曲
野田輝行：コンソナンス
サン=サーンス：フルート、クラリネット、ピアノのためのタランテラ
プーランク：ピアノ六重奏曲

共演
上田由恵（Flute）　蠣崎耕三（Oboe）
田中香織（Clarinet）　岡崎耕治（Bassoon）
吉永雅人（Horn）

Vol.39
2016. 12/10, 11, 14, 17
モーツァルト／グリーグ編曲：ピアノソナタ
　　　　　　　　　　　　　ハ長調
　　　　　　　　　　　　　K545（２台ピアノ版）
ブラームス：ハイドンの主題による変奏曲
アレンスキー：２台のピアノのための組曲 第４番
ラフマニノフ：２台のピアノのための組曲 第２番

共演
アレクサンドル・ヤコブレフ（Piano）

インテルメッツオ

ギトリスとのこと

一九七二年の夏、エドワード・アウアーに誘われて、南フランスのヴァンスでの音楽祭に参加しました。この音楽祭は、ヴァイオリニストのイヴリー・ギトリスの発案で、芸術家と観客とが一体となり、出会いと交流をはかるための場としてつくられました。アルゲリッチなどが参加して、野外での演奏なども取り入れた意欲的なものでした。

このときは、聴衆のリクエストに応える演奏会をしていたのですが、みんな暗譜で演奏しているので驚きました。

ギトリスが主催するヴァンス音楽祭でピアノを弾くアルゲリッチ

初来日のきっかけ

あるとき、知り合いのマネージャー田村勝弘さんから私に電話があり、「読売交響楽団がギトリスをソリストとして呼びたいので、紹介してくれないか」と頼まれました。そこで、私は直接ギトリスに国際電話で連絡をとったんです。

「Hello!」

「Hello!」

「Would you like to come to Japan?」（日本に来る気はない？）って聞いたんです。そうしたら即座に「Of course!」（もちろん）と言ってくれたので、「あなたを協奏曲のソリストとして呼びたいオーケストラがあるから紹介するわ」と伝えて、こうして彼の初来日が実現しました。

その後、はじめての共演ツアーのときのことです。洸さんと三人で八か所くらい日本を回りました。どこも一〇〇人か二〇〇人くらいの小さな会場でしたが、そんな田舎の小さな会場で弾くのが好きでした。とにかくサービス精神旺盛で、自分のソロになると立ち上がって弾くので、いっしょに弾いているほうが驚いてしまう。とにかく客席が喜んでいるかなということをいつも気にしていて、聴衆を楽しませようという気持ちをつねに忘れずに演奏していました。

彼は技術ももちろんだけど、レパートリーの広さでいえば世界一。あらゆる協奏曲を弾いてきた。音楽（と女性）が彼にとってのすべて。恋多き人生を送り、何度も再婚を繰り返していて、子どもも四人か五人いるみたいですが、ひとりひとりに惜しみない愛情を注いでいますね。

とにかく人なつっこくて，どんな人ともすぐ打ち解けてしまうのが彼の素晴らしいところ。そして、人の顔と名前を覚える記憶力が抜群に良くて、友人をとても大切にする方です。

日本に来るといつも、私の部屋で練習するんですが、知り合いに片っ端から電話をかけてゆくので、なかなか練習が始まらない。ただ、楽器を持ったら最初に必ず音階とヴィブラートの基礎練習だけはじっくりと時間をかけてやっていました。

共演するとなると、練習ではとても厳しかった。もちろん自分にも厳しい方ですが、とくに私の練習が不十分だったりすると、とても自由で大胆な演奏をされる方ですが、楽譜にはあくまで忠実に、という信念を

独特のギトリス・トーンが会場に響く…

ギトリスは来日するとすぐに私の家に来て音合わせ…

持っていました。

そのいっぽうでとっても気分屋で、二回目（九四年末～九五年）のレコーディングの時だったかしら。途中で突然「疲れたから寝る」と言ってスタジオを出ていってしまったりして、唖然としてしまったわ。

誰にも縛られないという点では、アルゲリッチと仲がいいのも、お互い自由奔放だったりして、気が合うんだと思うわ。

沖縄ムーンビーチで日光浴するギトリス（左側）

東北で活動するギトリス。2015 年は大槌町に、2016 年は陸前高田で慰問コンサートを行った。

最初にヴァンスで出会ってから、かれこれ四五年のつきあいになります。ＣＤも二枚つくったし、日本や海外で共演した演奏会も数え切れないほど。

二〇一一年三月一一日に東日本大震災が起こった直後、来日演奏家のキャンセルが相次ぎ、自粛ムードがただようなかで、四月にわざわざ来日してくださった。その後も日本に来るたびに東北に足を運んで、被災地での慰問コンサートを精力的に行っています。

ギトリスは演奏だけじゃなくて教えることにも熱心で、来日時には、マスタークラスやレッスンをしています。若い人の才能を見つけるのがすごく上手で、例えば木野雅之さん（現・日本フィルハーモニー交響楽団ソロコンサートマスター）を見出したのもギトリスで、すぐれた日本人演奏家がたくさん輩出しています。

第4章 若い音楽家を育てる

桐朋学園で教鞭をとる

最後に、教育活動についてもお話ししておきましょう。

一九七三年から桐朋学園でピアノ伴奏法の授業を受け持つようになりました。その頃、桐朋では大島正泰先生が伴奏法の授業を受け持っていて、一週間に一度、授業をしに来ないかと言われて、とても嬉しかったのを覚えています。

伴奏法はピアノ科の全学生が必修の授業だったのですが、自由選択の二重奏ソナタの授業のほうでも、多くの学生が私のクラスを選択してくれました。

伴奏・アンサンブル奏者として上達するためには、ソリストになる勉強とは違う能力が求められます。他の人に合わせて弾くというアンサンブルはもちろんですが、実際の現場では共演者から自分の知らない曲を依頼され、それを短期間で準備するという譜読みの速さが求められるのです。

そこでまずは初見の勉強のために、毎週新しい小品を次の週には弾けるようにしてくる、という課題を出しました。実際の授業では、毎週ヴァイオリン奏者を呼んで、練習してきた曲を、その場ではじめて合わせる。そういう訓練を重ねれば、アンサンブル能力は確実に上達するし、初見にも強くなります。試験では授業で扱ってきた何曲かをあらためて弾いてもらいました。

指の訓練をして、与えられた曲をじっくりさらうのではなく、伴奏者・共演者に求められている能力を身につけること、それを主眼に授業を進めてきました。

大学院の第１期生を送り出す

あくまでピアノ伴奏法、二重奏ソナタの先生として入ったので、ピアノ部会には入れてもらえず、ピアノ科の先生方とはあまり交流がありませんでした。ピアノ科に入ったからには、みんながソリストにならなきゃいけない、という教育が第一にあったからか、伴奏法や二重奏の授業は、ソリストを養成するためのピアノ本科よりはなんとなく下に見られているように感じられました。

それでも近年ではソリスト偏重の空気もだいぶ変わってきたように感じています。一九九九年に桐朋学園の大学院が富山市で開学して、教授として招かれることになりました。重奏とアンサンブルに力を入れたカリキュラムということもあって、張り切って指導にあたりました。

カロローザ

ピアニストがひとりで演奏活動をしていくのはとても大変なことです。二時間なら二時間のプログラムを準備して、運営もやって宣伝してチケットを売って、というのはそう簡単にできることではありません。音大にいる間は、学内でのコンサートや、クラスの発表会などがあるのでなかなかわからないのですが、音大を卒業してしまうと、共演相手のいないピアノ科の人が一番孤独になってしまうんです。

それでも、アンサンブルが得意なら人から頼まれて一緒にやることができます。ピアニストだけでも四人から八人くらい集めて、二人ずつのアンサンブルを中心にプログラムを組めば、演奏会として

カロローザ　第１回演奏会

カロローザ　第２回演奏会

カロローザ　10周年記念演奏会

成立することができる。こうしたアイデアを実現させたのが、一九八二年にはじめた「カロローザ」という演奏会シリーズです。「情熱をもって」という音楽用語から私が名付けました。

カロローザをはじめた当初は、出たい人がいくらでもいて、とてもうまくいきました。最初に規約をしっかりと作って、会費はいくら、とか運営方針をちゃんと決めたんです。公演は一度に二回、二週間ずらして開催すると、チラシも一種類で二回分作れて節約になる。出演するための条件は、私の

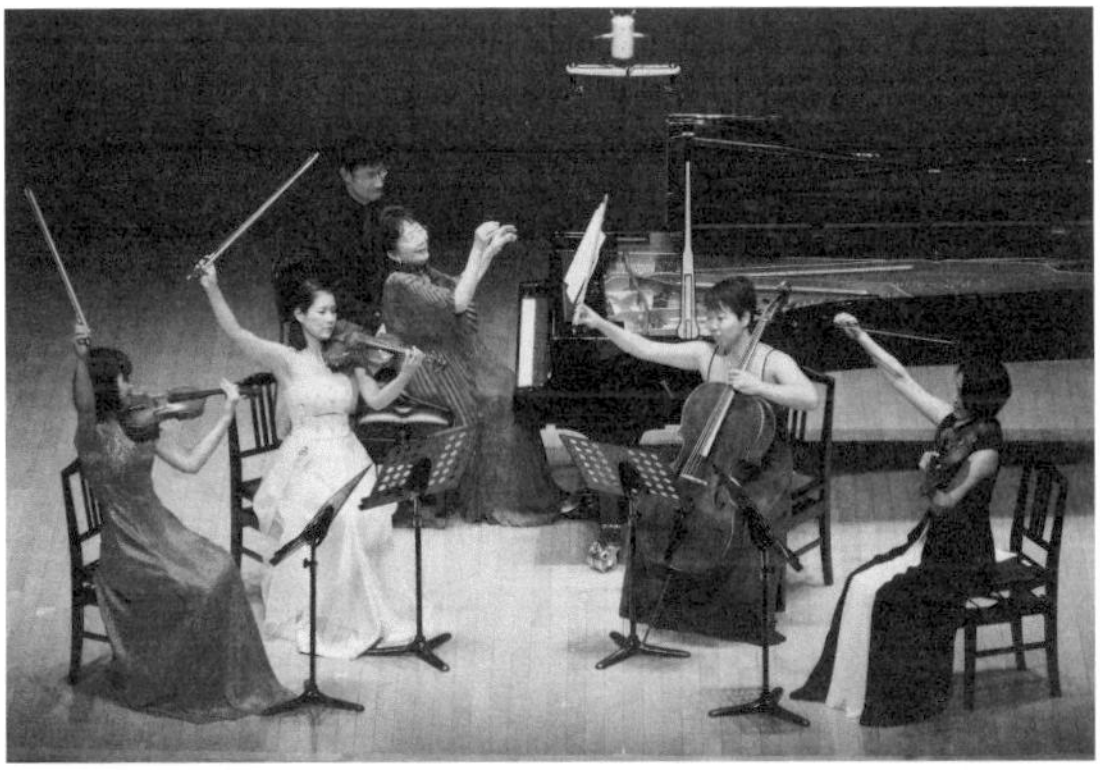

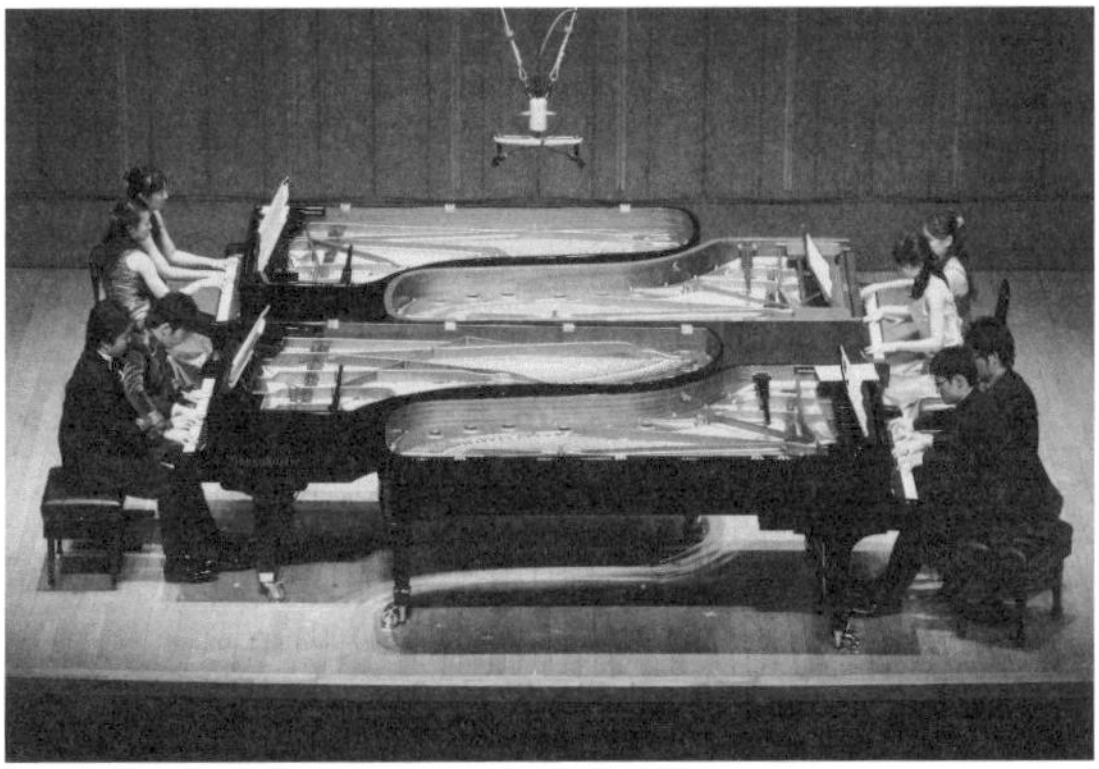

第 50 回記念演奏会

レッスンを一回は受けること。

二〇一三年には浜離宮朝日ホールで第五〇回となる記念演奏会を開くことができました。三五年経った今でも毎年続いています。

演奏家としての勉強をした人は、あくまで演奏することが第一だし、そのチャンスを逃さないようにするべきだと思っています。弾かなくなったり、あの人は演奏しない人だって思われたり、教えてるだけだって思われたりしたら、演奏家としてはおしまいだと思っています。

カロローザに入っていれば一年に何回も演奏する機会ができます。

沖縄ムーンビーチ・ミュージック・キャンプ

カザルス音楽祭やキジアーナ音楽祭をはじめ、私がかつて参加したさまざまな音楽祭を、いつか日本でも実現したいと思っていました。

一九七九年からホテル・ムーンビーチではじめたのが、沖縄ムーンビーチ・ミュージック・キャンプ&フェスティバルです。

一九七八年の五月ごろに、洸が演奏会で沖縄に行った時のこと、せっかくの沖縄なのでドライブをということになりました。とても暑い日だったので、途中ビーチに寄ってアイスでも食べようかという話になり、恩納村にあるホテル・ムーンビーチに立ち寄ったのです。
そこで私は南国情緒あふれるホテルの雰囲気と、きれいな白砂のビーチに感激しました。

そして、このホテル・ムーンビーチこそ、音楽祭をやる理想の場所だと確信した私は、いても立ってもいられなくなり、ホテルのカウンターに行って、社長に会わせてほしいとお願いしたのです。そして、その時応対してくださった専務の神山さんに、「素晴らしいビーチなので、冬の一二月、空いている期間にぜひ、一〇日くらい音楽祭をやらせてくれないか」とかけあったのがきっかけです。

海外の音楽祭で経験したような、生徒と講師が一緒に弾いて学ぶ機会や、音楽家たちの交流の場を作れるという思いで、はじめたのがこのムーンビーチでの音楽祭です。

最初はすべて手作りで、ホテルのレストランをコンサート会場にすべく、ベニヤ板でステージや反響板を仕立てたり、宿泊室にアップライトピアノを運び込んで練習室にしたりと無我夢中でした。それでもホテルの協力も得て年ごとに設備も整ってゆき、ミュージック・イン・スタイルのように、海外の演奏家も毎年ゲストにお呼びしながら、一九九五年まで一八年間続けることができました。

ヤング・プラハ国際音楽祭

一九九二年、世界の若手音楽家の育成と若者の国際交流をテーマにスタートしたという国際音楽祭ヤング・プラハ。毎年、約一ヶ月間、芸術文化の国チェコを舞台に、数多くのコンサートが開催されています。一九九八年から、日本側の実行委員会の一人になって、若い音楽家を日本から送り出すお手伝いをしていました。二〇一三年には、日本の実行委員会の会長となっています。

ヤング・プラハ国際音楽祭の舞台は、日本の若き才能を世界の聴衆に紹介する場であると同時に、選ばれた多くの若手日本人演奏家にとっては、はじめての外国でのステージ経験となります。貴重な体験を経た若者たちはみな、意気揚々と次のステップへと踏み出して行きました。

カザルスホール　一九八七―二〇一〇

最後になりますが、二〇一〇年の三月に閉館になったカザルスホールのことを少しお話しておきます。

カザルスホールは、一九八七年にお茶の水の地にオープンした室内楽専用のホールです。客席は五〇〇席くらい、室内楽やアンサンブルの演奏会にぴったりの、とても音響の良いホールです。私たち姉弟をはじめ、生前のカザルスに師事し、カザルスのことを尊敬している仲間たちが集まり、カザルス夫人の理解を得て、カザルスの名を冠することができました。

私自身もミュージック・イン・スタイルの公演や、その他の演奏会などで何度も使いました。ウート・ウーギさんなどは、日本ではこのホールでしか演奏したくない、とおっしゃるくらいです。

それだけ多くの音楽家に愛され、数々の名演を生み出してきた素晴らしいホールがまもなく閉鎖・解体という話を知ったのは、閉鎖の直前、二〇一〇年の二月にカザルスホールで演奏したときのことです。二〇〇二年に日本大学カザルスホールという名前に変わっていたことは知っていましたが、こんなに綺麗で響きがよくてピアノもオルガンも素晴らしいホールがまさか閉鎖だなんて、と驚いてしまいました。

いても立ってもいられなくなり、その日のうちに私が発起人となって「カザルスホールを守る会」を立ち上げました。そして、署名運動や記者会見など、さまざまな活動を通してホールの存続を訴えたり、賛同してくださった音楽家の皆さんが集まって、紀尾井ホールで三時間に及ぶチャリティーコンサートを開いたりもしました。最終的には一万五〇〇〇筆の署名を集めることができましたが、けっきょくホールの存続はかないませんでした。

今でもまだ建物は残っているようですが、日本の音楽文化を支えてきたホールでもあるので、できることならいつかまた、ホールを再開していただければと切望しています。

あとがき

私が企画している演奏会シリーズ「ミュージック・イン・スタイル」の四〇周年を記念して、今までに共演した世界の演奏家の写真や、私のこれまでの音楽人生を彩った人々の思い出を記録として残したいと思ったのが、この本が作られることになったきっかけです。

教え子の大石啓さんにも手伝っていただきながら、アルバムや小箱に残されたたくさんの写真を整理しては、それらにまつわるお話を春秋社の中川航さんにインタビューしていただきました。最初は本の形になるなんて予想もしていませんでしたが、インタビューの回数を重ねてゆくうちに、だんだんと内容が充実してゆき、気づいたらこのようなかたちで本にしていただけることになりました。

このような機会をくださった春秋社の神田明会長、澤畑吉和社長、そしてねばり強く写真を探し集め、原稿をまとめてくださった編集部の中川航さんに心からお礼申し上げます。

思えば私が沖縄ムーンビーチ・ミュージック・キャンプ&フェスティ

バルを弟・洸と企画して実現した一九七八年からの一八年間、そしてブレンゴラー先生のアシスタントとして毎夏イタリア・シエナのキジアーナ音楽院で過ごした八〇年代から九〇年代にかけての約二〇年間、他にも大きな演奏旅行に出かけるときにはいつも、伴侶である上法茂が付き添ってくれ、あらゆる場面で助けてくれました。音楽が好きで、そして若い音楽学生たちが大好きだった茂さんと二人三脚で駆け抜けてきた頃が、懐かしく思い出されます。

病を得て車いすが必要になってからも、私ができるだけ一緒に行動しようとした結果ではありますが、あちこちに一緒に出かけ、楽しい日々を過ごすことができたのは本当に嬉しいことでした。

すばらしい音楽とすばらしい人々との出会いに彩られた結婚生活を過ごせたことを心から感謝し、今年七月六日に亡くなった茂さんに、この本をささげます。

二〇一七年一一月

岩崎　淑

岩崎　淑（いわさき・しゅく）

岡山県倉敷市出身。桐朋学園大学、ハートフォード大学、ジュリアード音楽院、キジアーナ音楽院で、井口秋子、井口基成、J. ラタイナ、アルトゥーロ・ベネデッティ＝ミケランジェリ、S. ロレンツィ、I. フロインドリッヒの各氏に師事。

1967 年ミュンヘン国際音楽コンクール二重奏部門第 3 位。1968 年ブダペスト、1970 年チャイコフスキー国際音楽コンクールで伴奏者特別賞を受賞。以来、国内外でヤーノシュ・シュタルケル、ポール・トルトリエ、ペーター＝ルーカス・グラーフ、イツァーク・パールマン、アンドレ・ナヴァラ、イヴリー・ギトリス、ウート・ウーギ、ミッシャ・マイスキー、モーリス・ジャンドロンなど著名なアーティストとの共演のほかレコーディング多数、20 年間に亘り、毎夏、シエナのキジアーナ音楽院でリッカルド・ブレンゴラー教授と室内楽のクラスを担当。

1976 年から「岩崎淑ミュージック・イン・スタイル」主宰。1979 年から 18 年間に亘り「沖縄ムーンビーチ・ミュージック・キャンプ＆フェスティバル」、引き続き 1997 年から「沖縄国際音楽祭」を弟の岩崎洸と企画開催。1989 年、「岩崎淑ミュージック・イン・スタイル」の成果に対して、芸術祭賞を受賞。また 1999 年 1 月、ノルウェー王国功労勲章叙勲。3 月には国際交流基金の音楽使節として、岩崎洸とイスタンブール、アンカラ、ローマへ演奏旅行。

現在、演奏活動のほか、イタリアのカントゥ国際音楽コンクール審査員、1999 年より 2008 年 3 月まで桐朋学園大学院大学教授を務め、くらしき作陽大学、尚美学園大学大学院、武庫川女子大学客員教授。倉敷市文化振興財団アドバイザー。2005 年 7 月福武文化賞を岩崎洸と共に受賞。2006 年より高松国際ピアノコンクールで審査員長を務める。2013 年より国際音楽祭ヤング・プラハ日本実行委員会会長。

2014 年、第 24 回新日鉄住金音楽賞特別賞を受賞。第 26 回ミュージックペンクラブ音楽賞クラシック部門特別賞受賞。

著書に『アンサンブルのよろこび』（1999 年、春秋社）『音楽さえあれば』（2009 年、岩崎洸共著／吉備人出版）『ピアニストの毎日の基礎練習帳』（2011 年、春秋社）『ピアニストの基礎練習帳』（2014 年、春秋社）がある。

［写真提供］
木之下晃
酒寄克夫
竹原伸治
林喜代種

楽興の瞬間《とき》

2017年12月1日　第1刷発行

著　者……岩崎　淑
発行者……澤畑吉和
発行所……株式会社春秋社
〒101-0021
東京都千代田区外神田2-18-6
電話　03-3255-9611（営業）・9614（編集）
振替　00180-6-24861
http://www.shunjusha.co.jp/
印刷・製本……萩原印刷株式会社
ブックデザイン……河村　誠

Printed in Japan, Shunjusha.
ISBN978-4-393-93598-9
定価はカバー等に表示してあります